大家受啓發的 大家身影

走過，必留下足跡；畢生行旅，彩繪了閱歷，也孕育了思想！人類文明因之受到滋潤，甚至改變，永遠持續！

將其形諸圖文，不只啓人尋思，也便尋根與探究。

昨日的行誼，即是今日的史料；不只是傳記，更多的是思想的顯影。一生浮萍，終將漂逝，讓他走向永恆的時間和無限的空間；**超越古今，跨躍國度，「五南」願意！**

思想家、哲學家、藝文家、科學家，只要是能啓發大家的「**大家**」，都不會缺席。至於以「武」、以「謀」、以「體」，叱吒寰宇、攪動世界的風雲人物，則不在此系列出現。

大家受啟發的
大家身影系列 006

約翰・彌爾自傳

JOHN STUART MILL: AUTOBIOGRAPHY

約翰・彌爾 著
陳蒼多 譯

譯序

陳蒼多

約翰・彌爾（John Stuart Mill, 1806～1873），是英國著名的經濟學家、哲學家與政治理論家，他的名作《論自由》（On Librety）以及《邏輯體系》（A Ssystem of Logic）早在二十世紀初就由嚴復先生譯爲中文，譯名分別爲《群己權界論》以及《穆勒名學》。然而，他的自傳卻遲至二十世紀仍不見翻譯。

其實，彌爾的自傳是可與佛蘭克林和馬克・吐溫的自傳鼎足三立，是文學史，甚至政治、社會思想史上必讀的作品之一。

然而，就教育而言，彌爾的自傳也占了舉足輕重的地位，因爲他在書中開宗明義就說，「就英國歷史而言，在我所處的時代中，教育以及教育的改進，雖然不是人們最深入研究的課題，卻是最爲多數人研究的對象，所以對於此一時期的教育加以記錄，也許是很有助益的。」總之，他那個時代的教育有很多值得借鏡之處。

眾所皆知，彌爾受到邊沁（Jeremy Bentham）和卡萊爾（Thomas Carlyle）很大的影響。前者的功利主義——最大多數人的最大幸福，以及後者的「反自我意識」快樂理論，都是影響人類深遠的理論，因此檢視彌爾如何受到兩人影響，讀者無疑也將受益匪淺。尤其是，彌爾詳述二十一歲時所發生的一次精神危機，更爲自傳平添幾分可讀性。

有興趣於教育、哲學、經濟學、政治學，甚至文學的讀者幸勿錯過。

目次

第一章　童年以及早期教育

我想，我應該在寫下自傳之前，先敘述一些理由，說明爲何自認値得爲自己平淡無奇的一生，留下這樣一本回憶錄。我完全不認爲自己所要描述的任何部分，會讓大眾感到興趣——無論是作爲一般性陳述，或者作爲與自身有關的紀錄。但是我自忖，就英國歷史而言，在我所處的時代中，教育以及教育的改進，雖然不是人們最深入研究的課題，卻是最爲多數人研究的對象，所以，對於此一時期的教育加以記錄，也許是很有助益的。此一時期的教育既不尋常又不平凡。就一般的教育模式而言，一個人的早年時期幾乎都是浪費掉的，但是，此一時期的教育無論如何還是證明了一點：一個人在早年時期，可能學習到遠比一般人所認爲的更多事物，並且也學得比一般人所認爲的還有成果。我也認爲，在一個意見轉換的時代，有一件事也許是既有趣又有益的，那就是，去注意任何一個人心智的持續發展，注意他的心智一直向前推展，準備要了解（也同樣準備要排斥）自己的想法，或別人的想法。但是，我有一種動機，比起這兩者都強烈，那就是，我很想承認自己的知性和道德發展都歸功於別人——其中有的人被公認很傑出，有的人不値得那麼出名，還有一位則是我應該最歸功的①，而世人在當時並沒有機會認識她。如果讀者對這些事情並不感興趣，但卻又繼續讀下去，那只有怪他自己。我只期望讀者能夠記得：這本自傳並不是爲讀者而寫的。

---

① 指彌爾的妻子。——譯註

我是在一八〇六年五月二十日出生在倫敦，在家排行老大，父親是詹姆士．彌爾，也是《英屬印度》（History of British India）一書的作者。我的祖父是一個小商人，祖母則是（我想）一名小農；他們住在安格斯郡的諾斯瓦特橋。父親小的時候，由於能力傑出，所以經人介紹給費特克恩地方的約翰．史都華爵士認識；約翰．史都華爵士是蘇格蘭財政部的貴族之一。因此，父親被送到愛丁堡大學唸書，獲得一筆基金。創辦基金的人是珍．史都華夫人（約翰．史都華爵士的妻子），以及其他幾位夫人；創辦基金的目的是要為「蘇格蘭教會」教育年輕人。父親在愛丁堡大學經歷了正常的學習過程，並且獲得牧師的資格，但是卻未曾從事牧師的工作，因為他確信自己無法相信「蘇格蘭教會」或者其他教會的教條。有幾年的時間，他在蘇格蘭的不同家庭中當家庭教師，還當過退德爾侯爵家的家庭教師，但最後卻在倫敦定居，專心於著作。除了著述之外，他沒有其他謀生的方法——一直到一八一九年，他在印度下議院謀得一職。

在我父親的這段生涯之中，有兩件事情不能不提及：其中一件事，不幸是很尋常的，另一件事，則是非常不尋常的。第一件事是：雖然生計來源不固定，只靠替期刊寫作謀生，但他卻結了婚，並且有了一個大家庭。這種行為，就「明智」和「責任」兩方面而論，是最違悖他自己所強烈支持——至少在較晚年的時候——的見解。另一件事情是：他需要不尋常的精力來過他那種生活，並且從一開始就在逆境中掙扎，何況婚姻也為他加上了重擔。如果多年來他只藉著寫作供養自己和家庭，但卻不曾負債，也不曾陷入金錢的困境，那麼，此事就非同小可了，但事實上並不然。何況，他在政治和宗教上所抱持的見解令人厭惡，不見容於他那一代的所有權貴，以及一般富裕的英國人，其受排斥的程度可說是空前絕後。除外，他不僅不屈服於任何壓力，寫出違反自己信念的作品，並且也總是在作品中儘量寫進自己的信念——只要他認爲情況允許。我也必須說，他不曾以粗心的態度去做任何事情；無論是從事文學或其他方面的工作，他總是本著良心投注進必要的心力，以期臻至圓滿的境地。然而，他雖然身負這些重擔，卻還是計畫《印度史》的寫作，並且開始動手，終致完成。他完成這部著作，花了大約十年的時間；任何人（甚至不做其他工作的作家）都需要花比十年更長的時間，才能寫出跟他這本作品同樣分量的歷史著作，也才能表現出接近他的閱讀和研究成果。我還要再提出一點，那就是，在這段時間之中，他幾乎每天都要花相當多的時間教導孩子。他在其中一個孩子——我自己——身上，投注了相當的苦心、關心以及毅力；別人爲了同樣的目的，也很少有這種表現。他這樣做，是努力要根據自己的構想，提供最高層次的知性教育。

如果一個人習慣於嚴格遵守「不浪費時間」的原則，那麼，他在教導學生時，也可能會遵循同樣的規則。我不記得自己何時學希臘文，據說是三歲大的時候。關於希臘文，我最早的記憶是：我默記父親所謂的Vocables——常用希臘字語表——以及他爲我寫在卡片上的英語對等意義。關於文法方面，一直到幾年之後，我都是只學習名詞和動詞的字尾變化，但是，在學了Vocables之後，我就立刻開始做翻譯了。我還隱約記得自己曾閱讀伊索的

《寓言》，這是我所讀過的第一本希臘書，而色諾芬（Xenophon）所寫的《安拿巴席斯》（Anabasis）則是第二本，記憶比較清楚。我是一直到八歲才學拉丁文。當時，我已經在父親的指導下，讀了很多希臘散文作家，我記得有赫羅多特（Herodotus）的全部作品、色諾芬的《席羅配迪亞》（Cyropædia）和《蘇格拉底回憶錄》（Memorials）、狄奧眞尼・雷耶提爾斯（Diogenes Laertius）的一些哲學家生活史、路席安（Lucian）的一部分作品，以及艾索格拉底（Isocrates）的《給德摩尼肯》和《給尼可克倫》。我在一八一三年也讀了柏拉圖的前六個對話（一般的排列順序）——從〈尤席佛隆〉（Euthyphron）到〈色爾提特斯〉（Theoctetus）都包括在內。容我冒昧地說：最後一個對話最好略去不讀，因爲我完全不可能了解它。但是父親在教導我時，不僅要求我盡我所能，也要求我做很多自己不可能做到的事情。他爲了教導我，寧願忍受一切，此事可以從一個事實看出來：我是在父親寫作的同一個房間和同一張桌子，從頭到尾準備自己的希臘文功課。那時候並沒有希（臘語）英（語）字典，並且我也不會使用希（臘語）拉（丁語）字典，因爲還沒有開始學習拉丁文；所以，遇到自己不知道的字，只好請教父親。由於父親是很有耐性的人，所以他對於我不停地打斷他並不以爲忤，並且還在這種受干擾的情況下，寫出了他的幾卷《印度史》，也寫出了他在那幾年之中必須完成的所有其他作品。

在童年的這個時期中，除了希臘語之外，我當做功課學習的唯一的科目是算術：也是由父親教我，是晚上的工作，並且我記得很清楚，這個科目很討人厭。其實，功課只是每日教導的一部分，其他大部分都是我自己唸書，以及父親對我講話——主要是在我們一起散步的時候。一八一〇年到一八一三年，我們是住在紐文頓綠地——當時幾乎是一個鄉村地方。我父親健康情況不佳，需要經常做運動；他習慣在早餐前散步，通常是從綠地的小徑散步到「荷恩色」。我經常陪他散步；我對於綠地田野和野花的最早期記憶，混雜了另一種記憶，那就是，我記得每天都把前一天所讀的東西敘述給父親聽。就記憶所及，這是一種自願的工作，不是規定的工作。我一面閱讀，一面在紙條上做筆記；等到早晨散步的時候，我根據紙條上的紀錄，把故事告訴他——因爲我所讀的書主要都是歷史。我曾以這種方式讀了很多這類歷史書，包括羅伯森（Robertson）的歷史，還有休姆（Hume）和吉朋（Gibbon）的作品。但是我最喜歡讀的一本卻是華特生（Watson）的《菲立普二世與三世》（Philip the Second and Third）。馬爾他的武士們抗拒土耳其人入侵的英勇行爲，以及荷蘭各省反抗西班牙的英勇表現，激勵了我的內心，使我產生一種強烈而持續的興趣。僅次於華特生的作品，我所喜愛的歷史讀物是胡克（Hooke）的《羅馬史》（History of Rome）。希臘方面，我當時沒有讀到正規的歷史，只看了學校的節本，以及羅林（Rollin）的《古代史》（Ancient History）翻譯本的最後兩、三冊——從「馬其頓的菲立普」開始看起。但是我卻很愉快地讀著南格宏（Langhorne）所翻譯的普魯塔克（Plutarch）作品。在英國史方面，我記得讀了班內特（Burnet）的《當代歷史》（History of His Own Time），以便銜接休姆在他的作品中所寫迄的時代，只不過，我只喜歡這本書中的戰爭和戰役，其他部分則是興趣索然。除外，我也讀了《年錄》（Annual Register）中的歷史部分，從開始到大約一七八八年——我父親爲我而向邊沁（Bentham）先生所借的幾冊，就敘述到大約一七八八年爲止。我對於處於困境中的普魯士腓特烈大帝，感到強烈的興趣，對於科西嘉的愛國志士派歐利（Paoli）也有濃厚的興趣；但是讀到美國戰爭的部分時，我卻「站錯了邊」，因爲我站的那一邊是所謂的「英國的一邊」，這也難怪，因爲我是小孩子（後來父親改正了我的錯誤）。我經常跟父親談到自己所讀的書，而父親只要有機會，就對我說明並灌輸有關文明、政府、道德、精神修養方面的事情，並且以後還要求我以自己的話重述一次給他聽。他也要我讀很多書，並且要我以口頭的方式敘述，只是這些書不足夠使我感到有趣，無法促使我自動去讀。這些書之中包括：米拉斯（Millars）的《有關英國政府的歷史觀點》（Historical View of the English Government），此書對於那個時代而言有很大的優點，父親相當看重此書；此外還有莫生姆（Mosheim）的《教會史》（Ecclesiastical History），麥克克里（McCrie）的《約翰・諾克斯傳》（Life of John Knox），甚至還有色威爾（Sewiell）和路提（Rutty）的《震教徒史》（Histories of the Quakers）。父親喜歡給我的書，都是描述一些人，這些人在不尋常環境中表現精力和機智，在困境中掙扎，並且克服困境。關於這類的書，我記得有畢維爾（Beaver）的《非洲備忘錄》（African Memoranda），柯林斯（Collins）對於新南威爾斯第一個殖民地的敘述。有兩本書我不曾讀厭：第一本是安遜（Anson）的《航海記》（Voyages），年輕人很喜歡；第二本是環遊世界航海集（我想作者是霍克渥滋〔Hawkerworth〕），一共有四冊，始於德拉克〔Druke〕，終於庫克〔Cook〕與波根維爾〔Bougoinville〕）。我不但沒有小孩子的玩具，也沒有孩童的書籍——除了親戚或相識的人偶爾送給我的禮物，其中《魯濱遜漂流記》是最優秀的，在整個童年期間，我都百讀不厭。但是，父親並不是有計畫要禁止我看消遣的書，只是他很少讓我看這種書就是了。他當時幾乎沒擁有這種書，但卻爲我借了幾種，我記得有《天方夜譚》（Arabian Nights）、卡佐特（Cazotte）的《阿拉伯故事》（Arabian Tales）、《唐吉訶德》、爾吉華滋小姐的《流行故事》（Popular Tales），以及一本在當時很有名氣的書，那就是布魯克（Brooke）的《高貴愚人》（Fool of Quality）。

八歲時，我和一個妹妹開始跟父親學拉丁文。漸漸地，我還教我這個妹妹，然後她把所學到的向父親複述一次。從這個時候起，其他的妹妹和弟弟又陸續成爲學生，所以，我一天大部分的時間都在爲教他們而做準備工作。這是我很不喜歡的一部分工作。有一個原因使我更不喜歡這種工作，那就是，我必須爲我的學生功課負責，幾乎就像我要爲自己的功課負責。然而，我從這種訓練之中卻獲益不淺：我更徹底地學習到自己所要教的內容，並且也記得更長久。我有機會把別人學習起來困難的地方對他們加以說明，這種工作在那個年紀可能也很有用。在其他方面，我童年的經驗，並未有助於孩童互教的方式。我確知，這種教法是很沒有效率的，並且我也知道：老師和學生之間的關係，對於兩者而言，都不是一種很好的道德訓練。我以這種方式讀完了拉丁文法、相當多的科內留斯・納波斯（Cornelius

Nepos）的作品，以及凱撒的《評論集》（Commentaries），但是，除了在監督之下讀了這些作品之外，我自己也讀了更長篇的作品。

在開始學拉丁文的同一年，我也第一次開始讀希臘詩人的作品《伊里亞德》（Iliad）。在我有了一點進步之後，父親給了我頗普（Pope）的翻譯本。這是我所喜歡讀的第一本英文詩，並且也成爲多年以來我最嗜讀的作品之一，我想我想必從頭到尾讀了二十到三十次。這是男孩子在童年時代顯然會表現出來的一種喜好，我並不認爲值得提及；我之所以提及，乃是基於以下這個原因：雖然我根據推想，根據個人的經驗，都預期男孩子會普遍地非常喜歡《伊里亞德》這本敘述體和詩體的優秀典範作品，但是，我卻看出情況並不然。不久以後，我開始讀歐幾里德（Euclid），然後是讀代數，仍然是由父親教我。

從我八歲到十二歲，我記得讀過的拉丁文書籍有：味吉爾（Virgil）的《牧歌》（Bucolics），以及《艾尼德》（Æneid）的前六篇；除了《抒情詩》（Epodes）以外的所有霍拉斯（Horace）作品；費德拉斯（Phaedrus）的寓言；李維（Livy）的前五冊書（因爲我喜歡這方面的題材，我又在餘暇時，自動讀了前十冊的其餘部分）；沙拉斯（Sallust）的所有作品；奧維德（Ovid）《變形記》（Metamorphoses）的大部分；特倫斯（Terence）的一些戲劇；盧克雷提斯（Lucretius）的兩、三部作品；西塞羅（Circero）的一些《演講集》，以及他論演講的一些作品，還有他寫給亞提克斯（Atticus）的信——父親還費心把蒙高特（Mongault）的注釋中的法文歷史說明，翻譯給我看。希臘文方面，我讀完《伊里亞德》和《奧德賽》（Odyssey）；索福克斯（Sophocles）、尤里庇底斯（Euripides）和亞里斯多芬（Aristophanes）的一、兩部戲劇，只是我從其中獲益極少；此外就是修斯底斯（Thucydides）的所有作品；色諾芬的《希臘人》（Hellenics）；德摩色內斯（Demosthenes）、亞斯奈尼斯（Aechinces），以及李席亞斯（Lysias）的大部分作品；席歐克利特斯（Theocritus）的作品；安拿克雷恩（Anacreon）的作品；一部分的《選集》（Anthology）；一小部分的狄奧尼修斯（Dionysius）；波里必烏斯（Polybius）的幾部作品；以及最後是亞里斯多德（Aristotle）的《修辭學》（Rhetoric）——此書是第一本很具科學性的論文，探討我所讀過的道德或心理課題，包含有古人對人類本性或人類生活的很多最佳評論，父親要我特別小心閱讀，並且要我把裡面的內容列成綱要。在同樣這幾年之間，我學完了基本幾何學和代數，但卻只學了一點微積分以及其他部分的較高等數學，因爲父親不記得他自己在早期所學到的這一部分知識，無法騰出時間來爲我解決困難，只讓我幾乎靠著書本來應付困難的問題，但是我卻不斷惹他不愉快，因爲我無法解決難題；事實上，他不知道我並不具有必要的先修知識。

至於我自己私底下的閱讀，我只能談到自己所記得的部分。歷史還是我最喜歡的領域，尤其是古代史。我不斷閱讀米福（Mitford）的《希臘》（Greece）。父親叫我注意這位作家的保王黨偏見，還有，他爲了文飾專制君主，爲了誹謗大眾性的制度而扭曲事實。父親論述這些要點，從希臘演講家和歷史家之中舉例證明，效果很好，所以我在讀米福的作品時，總是同情與作者相反的那一邊，並且在某種程度上，能夠辯駁他的論點。但是這種情況並不減少我讀這本書時的常新喜悅感。羅馬歷史方面，無論是我往昔喜歡的胡克作品，或者是費古遜（Feguson）的作品，我都不斷很愉快地讀著。有一本書，儘管文體枯燥無味，我卻很喜歡，那就是《古代世界史》（Ancient Universal History）；由於不斷讀這本書，所以，我腦中充滿了有關最遙遠時期古人的歷史性細節。然而，就現代史而言，除了諸如荷蘭的獨立戰爭的孤立段落之外，我知道得比較少，也比較不喜歡。我在童年期間很喜歡一種自願的練習，那就是我自稱的「寫歷史」。我連續寫了一本羅馬史——從胡克的作品中選材；一本節略的《古代世界史》；一本《荷蘭史》——根據我所喜歡的華特生的作品，以及一位無名氏所編的作品。我在十一歲和十二歲時就專心在寫一部自以爲是嚴肅的作品，那就是羅馬政府史。此書是根據李維和狄奧尼修斯的作品編輯而成（借助於胡克的作品），寫成的部分足以印成一卷八開本，並且一直寫到「李辛尼爾斯律法」的時代。此書事實上是敘述貴族和平民之間的掙扎，因爲貴族和平民間的掙扎此時已經形成了我所有的興趣——在這之前，我只有興趣於戰爭和羅馬人的征服。遇到立憲的要點，我就加以討論。雖然我並不知道尼布爾（Niebuhr）在這方面所做的研究，但我卻根據父親教導我的觀點，引用李維的證據，爲「土地法」辯護，並且盡力支持羅馬民主政黨。幾年之後，因爲不屑於自己孩提時代的表現，就毀了自己所寫的東西，當時並沒有預想到，自己會對於第一次所嘗試的寫作和推論感到好奇。父親鼓勵我做這種既有益又有趣的事情，只是我現在仔細回想起來，父親並不曾要求看我所寫的東西，所以，我在寫這本書時，不曾感覺到自己必須對任何人負責，也沒有一種害怕的感覺，覺得有人以批評的眼光監視著我。

雖然這些歷史方面的課題，並不是強迫性的功課，但卻有另一種作文是強迫性的，那就是寫詩，並且這也是我最不喜歡的工作之一。我不曾寫希臘詩或拉丁詩，也沒有學過這兩種語言的作詩法。父親認爲不值得花時間了解學這些學問，他只叫我把這兩種語言的詩大聲讀給他聽，然後改正音節長短方面的錯誤。我完全不曾用希臘文作文，甚至也不曾用希臘文寫散文，至於拉丁文，也非常少。這並不是因爲父親不看重這種練習的價值（事實上，這種練習有助於徹底了解這兩種語言），而是因爲實在是沒有時間。父親要求我寫的詩是英文詩。我第一次唸到頗普所譯的《荷馬》（Homer）作品時，雄心勃勃地想要嘗試寫出同樣的作品，並且還眞的寫出一本《伊里亞德》的續集。我在寫詩方面的野心所表現出來的自然衝動，也許會在這兒打住；但是，這種以自願開始的練習，卻因爲父親的命令而持續下去。父親平常都盡可能對我說明他要我做某一件事的理由，所以，就這件事而言，他也告訴了我兩個理由，我現在還記得很清楚，並且從這兩個理由也可以看出他典型的特性。第一個理由是：詩比散文更能美好又有力地表達某些事物；他說，這確實是一個優點。另一個理由是：一般人都很看重詩（雖然詩並不配如此），因此擁有寫詩的力量是值得的。他通常都讓我自己選擇題目；就我記憶所及，我所選的題目都是「致某一個神話人物或寓言式的抽象概念」。但是父親卻要我把霍拉斯很多較短的詩譯成英文。我也記得他給我湯姆遜（Thomson）的〈冬天〉（Winter）一詩要我讀，然後要我（不看書）以〈冬天〉爲題目，自己寫一點詩。我寫出的詩當然完全是廢話，並且我也不熟悉作詩法，但是這種練習卻可能對我很有用：讓我在以後比較容易表達自己的意思。我到這個時候爲止，所讀的英詩很少。父親給了我莎士比亞，主要是讓我讀歷史劇的部分，但是我讀完歷史劇後，又去讀其他的戲劇。父親並不曾非常讚賞莎士比亞；他總是很嚴厲地攻擊英國人對於莎氏的偶像崇拜。父親幾乎不喜歡任何英詩——除了米爾頓（Milton）（最讚賞他）、哥德史密斯（Goldsmith）、彭斯（Burns）、格雷（Gray）的《詩人》（Bard）（不喜歡他的《哀歌》〔Elegy〕）；也許我還可以再加上古柏（Cowper）和畢亞提（Beattie）。他很看重史本塞（Spencer）；我記得他讀《仙后》（The Fairie Queen）的第一篇給我聽（不像平常一樣，要我唸給他聽），但是我並不喜歡。他認爲本世紀的詩幾乎沒有什麼長處；我一直到長大成人，都幾乎不曾熟悉本世紀的詩——除了瓦爾特．史各特（Walter Scott）的韻文羅曼史。我是在父親的推薦之下閱讀史各特的韻文羅曼史，並且非常喜歡；對於生動的敘述，我經常都是很喜歡的。德萊頓（Dryden）的詩，也是父親給我的，並且叫我唸其中的很多首，但我卻一直不喜歡——除了《亞歷山大的饗宴》（Alexander's Feast）。我曾將此詩和瓦爾特．史各特的很多詩歌譜成自己的音樂，在內心唱著；我甚至把史各特的一些詩歌寫成曲子，至今仍然記得。庫柏的短詩讀起來很令人愉快，但我不曾去讀他較長的詩；在他的兩冊作品中，我最喜歡的是，他以散文的方式敘述自己的三隻兔子。我在十三歲時讀到了坎貝爾（Campbell）的詩集，其中〈羅奇爾〉（Lochiel）、〈霍亨林登〉（Hohenlinden）、〈伊林的放逐〉（The Exile of Erin），以及其他的詩，所給我的感覺，是我以前不曾在詩中體驗到的。我也沒有去讀詩集中較長的詩——除了〈懷俄明的葛楚德〉（Gertrude of Wyoming）一詩動人的開頭部分——其完美的悲情，長久以來都在我的感情中占有一席之地。

在我童年的這段期間，我最喜歡的事情之一是實驗科學，但卻是就其理論的意義而言，不是就其實際的意義而言——並不是嘗試做實驗，而是僅僅閱讀有關實驗方面的書。但是我時常懊悔自己不曾接受過這種訓練，甚至不曾見識到。記憶中，我不曾像沉迷於喬易斯（Joyce）的《科學對話》（Scientific Dialogues）那樣沉迷於其他的書。我非常反對父親對此書的批評：他批評此書前面部分有很多關於物理第一原則的不高明推理。我也大量閱讀化學方面的論文，尤其是父親早期的朋友和同學湯姆生醫生的論文；在我去上這方面的課或者親自看到實驗之前，我就自己閱讀論文幾年之久了。

從大約十二歲起，我就進入了學習過程中另一個較高深的階段。在這個階段中，主要的目標不再是思想的助力和工具，而是思想本身了。這個階段是以邏輯學開始，而在邏輯學方面，我立刻以亞里斯多德的《理則學》（The organon）開始，一直讀到其中的〈分析學〉，但是卻沒有從〈後分析學〉中獲得什麼益處，因為〈後分析學〉所屬的思考領域，並不是當時的我所適合學習的。在讀亞里斯多德《理則學》的同時，父親也讓我閱讀幾篇論形式邏輯的拉丁論文的全部或部分，並且每天在跟他一起散步時，我也要向他簡要敘述自己所閱讀的部分，回答他很多深入的問題。此後，我以同樣的方式讀完霍布斯（Hobbes）的《計算或邏輯》（Computatio sive Logica）。此書的思想層次比學院邏輯家所寫的書更高深；父親對此書評價很高，我認爲，他的評價超過此書的優點——雖然此書是有很大的優點。無論父親要求我學習什麼，他總是要我盡可能了解以及感覺所學習的對象的用處。他認爲在推論式邏輯方面，這一點尤其適當，因爲推論式邏輯的用處已經遭受到很多權威作家的駁斥。我記得很清楚：在某一次散步的時候，我們走到巴格夏荒野地方（我們到那兒去看他的老朋友華萊士先生——當時是桑赫斯特陸軍官校的數學教授），他第一次嘗試以問問題的方式，要我思考這個問題，想出有關「推論式邏輯的用途」的概念，結果我並沒有做到，於是他就說明給我聽，要讓我了解。當時，他的說明並沒有讓我了解，但是卻不因此顯得毫無用途。他的說明成爲一種核心，讓我的意見和思省在上面結晶。我以後所注意到的特殊事例，爲我詮釋了父親一般言詞所隱含的意義。我自己的意識和經驗，終於使我能夠和父親一樣高度地了解一件事情——即在早期以實際的方式熟悉學院邏輯——所具有的價值。在我受教育的過程中，我認爲這件事最有助於我獲致思考的能力。我所熟練的第一種智力運作方式是，剖析站不住腳的論辯，發現謬誤所在。雖然我獲致這種能力，都是歸因於一個事實，即父親很有毅力地訓練我發揮智力，然而，有一件事也是不可否認的，那就是：學院邏輯，以及研究學院邏輯所養成的精神習慣，是這種訓練的重要工具。我相信，在現代教育中，這種訓練如果加以適當地使用，最能養成嚴謹的思想家，爲字語和命題提供準確的意義，並且不會受制於模糊、鬆弛或曖昧的語詞。人們都誇談數學研究的影響力，其實數學研究的影響力比起這種訓練來並不算什麼，因爲在數學的過程中，準確的推論不會有眞正的困難。這種思考力的訓練，也特別適合早期教育哲學的學子階段，因爲這種訓練並不要求哲學的學子，藉由經驗和思省緩慢地獲致自己有價值的思想。他們可以在還沒有很高深的思考能力時，就能夠理清迷亂和自相矛盾思想的錯綜複雜。很多本來有能力的人，由於缺少這種訓練，都完全不具備這種力量；當他們要回答對手的問題時，都是以自己所能支配的論據，努力要支持相反的結論，甚至幾乎不去辯駁對手的推論，因此充其量只是使得問題在依賴論辯時，成爲一個未定的問題。

在這段期間，我跟父親繼續讀拉丁文和希臘文書籍，主要都是值得研讀的書籍——不僅就語言而言，並且也就思想而言。這些書之中包括了很多演講家的作品，尤其是德摩色尼斯，他的一些主要演講我都讀了幾遍，並且將它們加以充分地分析，寫了出來，作爲一種練習。我把這些演講唸給父親聽後，父親就對這些演講提出評論，使我受益不淺。父親不僅要我注意這些演講對於雅典的制度所提出的洞見，以及這些演講時常加以證明的立法和統治原則，並且他也提出演講者的技巧和藝術。例如：演講者如何在正確的時刻，也就是在聽眾的心智最適於接受意見的時刻，說出達到目的的重要言詞；例如：演講者如何以逐漸和暗示的方式，把一些想法暗中灌輸進聽眾心中，而他如果以較直接的方式表達出來的話，就會引起聽眾的抗拒。當時，父親的這些意見，大部分都是我無法充分了解的；但是卻等於是撒下了種籽，在適當的季節萌芽。在這段期間，我也讀了塔西特斯（Tacitus）、朱文拿爾（Jurvenal）和昆提里安（Quintilian）的所有作品。昆提里安的作品由於文體曖昧，有很多學術性的細節（他的論文很多部分都由這種學術性的細節構成），現在很少人閱讀，也很少有人能夠充分欣賞。他的書是一種百科全書，談論古人在整個教育和文化領域方面的思想。我一生中保有很多有價值的觀念，這些觀念都可以清楚地追溯到我在那個早年的階段所閱讀的昆提里安作品。我也在這個時期閱讀了一些最重要的柏拉圖對話，特別是〈果吉亞斯〉（Gorgias）、〈普羅塔果拉斯〉（Protagoras），以及〈共和國〉（Republic）。父親認爲他自己的精神薰陶最受益於柏拉圖，並且他也最經常把柏拉圖推薦給年輕人。我自己也可以做同樣的見證。柏拉圖的對話是蘇格拉底方法的主要例證，而蘇格拉底的方法，就兩方面而言是絕佳的訓練，其一是改正錯誤；其二是理清常見於「不加約束的心智」的混亂——所謂「不加約束的心智」是指心智在一般性用語的指引下虛構出自身的一切觀念聯想。那些喜歡說出模糊的一般性言詞的人，如要以確定的詞語表達自己的意思，或者如要承認自己不知道自己在說什麼，就一定要藉助於緊密而仔細的辯駁；人們都會不斷以特殊的事例試驗所有一般性的陳述；人們也在形式方面追求廣大和抽象詞語的意義，選定某一種更廣大的類別名稱，使它包括那些廣大和抽象的詞語，以及更多的詞語，對準所要追尋的對象，指出它的界限和定義，進行一連串很準確的區分工作，區分所要追尋的對象，以及不斷從這個對象中去除的每一個同源對象——這一切作爲訓諫準確思考力的一種教育，其價值是無法評量的；這一切甚至在我那個年紀，也相當支配著我，成爲我的心智的一部分。從此以後，我就認爲「柏拉圖主義者」這個頭銜是屬於以下這種人：在柏拉圖的探討模式中接受滋養，且努力去採行這種模式，而不是屬於以下這種人：只因採用一些教條式的結論而變得很傑出，但這種教條式的結論卻大部分是取自柏拉圖作品中最不容易理解的部分，並且如果以柏拉圖的心智和作品的特性來說，說不定柏拉圖自己都把這種教條式結論看做是詩意的幻想，或哲學的臆測。

由於我在此時能夠非常自在地閱讀柏拉圖和德摩色尼斯的作品（就語言而論），所以父親並不要求我逐句分析他們的作品，只需要大聲讀給他聽，回答他的問題。但是，父親特別注意發聲法（他在這方面的表現很傑出），所以，大聲唸給他聽，就成了一件最痛苦的工作。在他要求我做的事情中，只有這件事情我經常做得很差，也只有這件事情使他不斷對我發脾氣。父親很看重朗讀藝術的原則，特別是最爲人忽略的部分，也就是聲調的高低，或者如同談論發聲法的作家所謂的「抑揚法」（一方面而言對照於「發音的清晰」，另一方面而言對照於「感情的表現」）；他並且根據對於一個句子的邏輯分析，擬定朗讀藝術的規則。他將這些規則強加在我身上，一旦違反規則，就嚴厲斥責我。但是我當時甚至也注意到（只是我不敢對他說）；雖然在我沒有唸好一個句子時，他會責備我，並且「告訴我」應該怎麼唸，但是他卻不曾自己唸給我聽，「讓我看看」應該怎麼唸。他的教導模式除了一個缺點之外，都很令人讚賞（就像他所有的思想模式一樣）。這個缺點就是：他太相信，沒有具體化的抽象事物容易爲人所了解。在我比較不那麼年輕時，我自己一人或跟同年紀的同伴在一起練習發聲法，才第一次了解父親所定下的規則有其目的，並且看出這些規則的心理學基礎。當時，我跟其他人都徹底遵循這方面的細節，並且也很可能根據父親的原則寫出一篇很有用的論文。父親並沒有寫出那些原則和規則。我現在很後悔：在我進行有系統的練習而專心於這方面的事情時，並沒有把這方面的原則和規則，以及我和父親對原則和規則的改進寫下來，讓它們以正式的形式出現。

有一本書對於我的教育很有幫助——就「教育」的最佳意義而言，那就是父親的《印度史》。此書出版於一八一八年。在前一年此書要付印的時候，我爲他唸校稿，或者說，我爲他唸原稿，而他改正校稿。我從這本傑出的作品中獲得很多新觀念，並且此書批評、探討印度的社會和文明，以及英國的制度和政府運作，對我的思想有所衝擊與刺激，也有所指引；所以我在早年時熟悉此書，對於我以後的進步很有用途。雖然我現在將此書與完美的標準加以比較，可以在其中發現缺失，但我仍然認爲：此書就算不是最具教育性的歷史書，至少也是最具教育性的歷史書之一，並且就一個人的心智形成見解的過程而言，此書也是最能使人受益的作品之一。

本書的〈前言〉是父親的作品中最具特色者之一，也是思想材料最豐盛者之一，它描述了他寫《印度史》的意向和期望，是完全可靠的描述。此書到處可見對於民主激進思想

（在當時被認爲是極端）的見解及判斷的模式，並且以當時最爲不尋常的嚴厲觀點，討論英國憲法、英國法律，以及在國家之中具有相當影響力的黨派和階級。父親出版此書可能希冀聲名，但卻確實不祈求生活的提升。他也不認爲此書會有所樹立——除了樹立強有力的敵人。他尤其不期望獲得東印度公司的青睞。事實上，父親根本就嫌惡東印度公司的商務特權，並且還多次嚴厲批評其政府的運作，只不過，父親在書中很多地方，還是提出有利於這些方面的見證，認爲應該提出這種見證。他的見證是：一般而言，不曾有政府像東印度公司那樣，竭盡所能地證明其對臣民的善意，還有，縱使其他政府的運作完全公開，卻很可能不會像東印度公司那樣，容許人們對其仔細檢視。

然而，父親在出版《印度史》大約一年後，也就是一八一九年春天，獲知東印度公司的董事們想要強化與印度進行通信的國內機構，於是父親就宣稱要角逐這個機構職位，並且也如願以償，爲董事們增光。他被任命爲「印度通信審查員」的一名助理，負責起草快報，送到印度，讓主要行政部門的董事們斟酌考慮。在當助理以及以後晉升爲審查員期間，父親的才賦、名聲以及卓越的決定，使他很具有影響力，再加上上司確實希望好好統治印度，所以，他才能夠在相當程度上把自己對印度問題的眞正意見，寫進所擬的快報之中，並且通過「董事法庭」和「監察董事會」的考驗，意見並沒有被削弱很多。他在《印度史》之中，第一次提出有關印度行政的很多眞實原則。此後，他所寫的快報，比以前更加促進印度的改善，教導印度官員了解自己的事務。如果把他所寫的快報選錄出版，我相信，他身爲實際政治家的聲名，必然可以媲美他身爲理論作家的傑出地位。

雖然他擔任了這項新職務，但是他對於我的教育的注意，並沒有因此有所鬆弛。在同一年——一八一九年，他教導我讀完所有政治經濟學的課程。他所喜愛的密友李嘉圖（Richardo）不久前出版了一部作品，標示了政治經濟學的一個偉大的時代。要不是我父親的請求和強有力的鼓勵，這本書可能永遠不會出版，也不會寫成，因爲李嘉圖是非常謙虛的人，雖然堅信自己的學說正確，卻認爲自己沒有能力充分說明和表達學說，所以對於出書的想法畏縮不前。一、兩年之後，父親也同樣友善地鼓勵李嘉圖角逐下議院議員。李嘉圖在下議院度過了餘生的幾年，本來很充沛的智力卻不幸衰退了，但他對於自己以及我父親在政治經濟學或其他方面的意見，卻貢獻良多。

雖然李嘉圖的偉大著作已經印行，但卻沒有出現啓蒙性的論文，以一種適合學子的方式，將此書的學說具體化表現出來。因此，父親開始以講授的方式教導我政治經濟學——是在散步時進行。他每天詳細說明這門學問的一部分，第二天，我就把他所說的內容寫成文字交給他，他要我一再重寫，一直到內容清晰、準確，且非常完全。就這樣，我讀完了這門學科的所有內容，而由我每天的報告所累積而成的文字綱要，以後成爲筆記，父親就根據這些筆記寫成了《政治經濟學要義》（Elements of Political Economy）。之後，我閱讀李嘉圖的作品，每天敘述自己所讀的內容，以最優越的方式，討論我們兩人閱讀過程中所出現的附帶要點。「金錢」是政治經濟學中最複雜的部分；關於這方面，父親要我以同樣的方式閱讀李嘉圖的一些優秀的小冊子——是在所謂的「金塊爭論」期間寫成的。讀完李嘉圖的小冊子之後，接著是讀亞當・史密斯（Adam Smith）的作品。在讀亞當・史密斯的作品時，父親的主要目標是：要我把李嘉圖的卓越觀點，應用在史密斯較膚淺的政治經濟學觀點上，然後看出史密斯的論辯中的謬誤，或者他的任何結論中的錯誤。這樣的教導模式相當可以預期塑造一位思想家；但此事必須由像父親那樣縝密而精力充沛的思想家來進行。儘管我對這門學科有強烈的興趣，但是這條路甚至對父親而言也是坎坷不平的；我確知對我而言也是如此。在成功不可能預期的情況下，父親時常對我的失敗感到惱怒，且情況超乎常理；但是主要地說來，他的方法是正確的，並且也成功了。我不認為有什麼科學性的教導，比父親教我邏輯和政治經濟學時所採取的方法，更徹底，更適合訓練頭腦的能力。父親甚至以誇張的程度，努力要喚起我的頭腦的活動，要我自己去發現每件事情。在我還沒有充分感覺到困難的壓力時，他並不提供說明，而是在我已經充分感覺到困難的壓力之後，才提供說明。他不但教給我邏輯和政治經濟學的準確知識（就當時大家對這兩個重要學科的了解而言），並且也使我成為這兩方面的思想家。雖然我有一段長時間只思考不重要的問題，並且以他的意見為最終的標準，但是，我卻幾乎從開始就獨立思考，並且時常與他的想法相異。在較後期的時候，我甚至時常說服他，並且改變他在一些細節方面的見解：我提到這一點是要為他增光，不是要在自己的臉上貼金。這一點立刻可以說明他性格非常率直，也立刻可以說明他的教學方法有其眞實的價值。

可以適當地稱做「功課」的部分，就在此時告一個結束。我在大約十四歲時，離開了英格蘭一年多。回來之後，雖然我的學習在父親的一般性指導下繼續進行，但他已不再是我的老師。因此我將在這兒打住，回溯到一些比較一般性的事情——跟前面所回憶的生活和教育有關的事情。

在我已經部分追述的教導過程中，最明顯的一點是，在童年時，父親努力要把各種比較高深的教育中的有關知識傳授給我，而事實上，這種知識幾乎都是到了成年時期才能學到的（如果能學到的話）。父親的實驗結果顯示出，此事是可以很容易做到的，並且也顯示出，學童值得花很多年珍貴的時光去學習少量的拉丁文和希臘文——縱使很多教育的改革者認爲這是一種浪費，提出不明智的建議，主張在一般教育中完全廢除這兩種語言。如果我天性理解力極爲敏銳，擁有很準確的好記性，或者性情非常活潑，且精力充沛，那麼，這種試驗就不會是很確定的；但是，我在這些方面的天賦都是低於平常標準，而不是高於平常標準。只要是具有一般能力和健康身體的男孩或女孩，都一定能夠做到我所做到的地步。如果我有什麼成就的話，除了要歸功於其他有利情況之外，也要歸功於一個事實：由於父親早期對我的訓練，所以我在起步時，擁有超過同代的人四分之一世紀的優勢。

關於這種訓練，有一點是很重要的（我已經暗示過），並且這種訓練的所有好處都歸因於這一點。被灌輸以很多知識的大部分男孩或年輕人，他們的心智能力都沒有被強化，而是受到壓制。他們的腦中被硬塞進純粹的事實，被硬塞進別人的意見或言詞，用來取代形成獨立見解的能力。於是，雖然傑出的父親不遺餘力教導兒子，但兒子長大時，卻只會機械式地複述自己所學的東西，只能在爲他們劃定好的路線上運用心智。然而，我所受的教育，卻並非塡鴨式的教育。父親從來不准許讓我所學的東西，淪爲純粹是記憶的練習。他努力的目標，不僅是要使了解與教學的每一步並行，並且如果可能的話，還要使了解先於教學的每一步。凡是藉著思考所能夠發現的問題，他從來不告訴我——除非我費盡心力自己去發現。就我記憶所及，我在這方面的表現很差——幾乎全是失敗，不曾成功過。當然，我在這方面之所以表現失敗，時常都是因爲我的火候還不夠，成功幾乎是不可能的。我記得在十三歲時，有一次湊巧使用了「觀念」一詞，於是父親就問我：「觀念」是什麼？雖然我努力要去界定這個詞語，但卻枉然，父親有些不高興。我還記得有一次他生我的氣，因爲我使用了一句普通的措詞：有的事物在理論上是眞實的，但在實際上卻需要改正。他要我界定「理論」一詞的定義。我努力的結果又是徒然，於是他就向我說明它的意義，並且指出我所使用的這句普通言詞的錯誤，使我完全相信自己無比的無知，因爲我無法說出「理論」一詞的正確定義，而又把它當做是與「實際」一詞不同的詞語。就這件事情而言，父親似乎表現得很不合理（當時也可能是如此）；但是，我卻認爲：只有一件事是不合理的，那就是他對我無法界定「理論」一詞表示生氣，至於他要求界定這個詞語的意義，並沒有不合理。如果一個學生不曾被要求去做他無法做的事情，那麼，他就無法去做他能夠做的事情。

父親非常謹愼地防止我表現出一種惡德。一個人如在早期時精通任何的事物，他就最容易表現出這種惡德，並且這種惡德時常會致命地危及將來的成就，那就是「自負」。他非常警戒地避免讓我去聽到別人的讚美，也避免讓我以沾沾自喜的態度將自己和他人加以比較。從他與我的交談之中，我只覺得自己很渺小。他爲我釐定的比較標準是：「一個人能夠做什麼，以及應該做什麼」，而不是「別人做了什麼」。他完全使我遠離了他自己所非常恐懼的影響力。我根本不覺得自己的成就在那個年紀是很不尋常的。如果我湊巧注意到有某一個男孩所知道的事情不如我多（其實這種情況比一般人可能認爲的還少），我就自忖：並不是我知道很多，而是他基於某種原因知道得很少，或者，他所知道的事情，跟我所知道的事情並不一樣。我的心理狀態不卑也不亢。我從來沒有想到要對自己說：我是……我能做……，等等的。我沒有高估自己，也沒有低估自己：我根本不評估自己。如果我想到自己，那麼，我所想到的是：比起父親在學習方面對我的期望，我的學習落後了很多，因爲我總是發現自己確實是如此。雖然很多在童年時代認識我的人，並不覺得是這樣，但是我卻是這樣確信。我以後發現：這些在童年時代認識我的人，認爲我相當自負，令人不愉快，這可能是因爲：我喜歡爭論，聽到別人說了什麼，就毫不猶疑地直接辯駁。我想，這種壞習慣養成的原因是：父親鼓勵我談論超出我年紀的事情，鼓勵我跟大人交談，但卻沒有教導我要對大人表現出平常的敬意。父親沒有改正我這種不良的教養和無禮的行爲，可能是他並沒有知覺到，因爲我總是很敬畏他，在他面前都表現得極爲低聲下氣、沉默寡言。然而，儘管如此，我卻不認爲自己很優越，這對我是很有好處的。我記得十四歲將要久違父親的前夕，他在海德公園的一個地方告訴我說：當我認識新的朋友時，就會發現自己學了很多東西，是跟我同年紀的一般年輕人都不知道的，並且很多人都會想要跟我談到這一點，想要恭維我。至於他在這個話題所談到的其他事情，我的記憶很模糊。但是他最後是說：不管我在哪一方面知道得比別人多，都不能歸功於自己的優點，而要歸功於自己特別幸運，歸功於有一個父親能夠教導我，並且願意付出必要的心力和時間。他又說：如果我比那些不如我幸運的人懂得多，那並不是我的光榮，但是，如果我沒有比那些不如我幸運的人懂得多，那就是我最大的羞恥。我記得很清楚，這是父親第一次向我暗示說：我此那些受過相當教育的人懂得多，而我當時暗中相信他的暗示，就像我相信他告訴我的其他事情一樣，但此事並沒有在我一生的個人經歷中留下深刻的印象。我所知道的事情，有的人並不知道，但我並不曾想要表現得沾沾自喜；我也不曾慶幸自己的學識——無論是什麼學識——成爲自己的長處。現在，既然談到這個問題，我認爲：當時父親說我特別幸運，這是千眞萬確，也是常識，並且他所說的這句話從那個時候以後，就固定了我的意見和感覺。

要不是父親很謹愼地阻止我跟其他男孩經常來往，那麼，這件事情，以及父親教育計畫的其他目標，就無法完成。他眞心地專注於一件事：不僅要我避開男孩子對於男孩子的一般壞影響力，並且也要我避開粗俗的思想和感覺模式的感染力量。爲了做到這一點，他願意要我付出代價，那就是，在所有國家的學童都在培養才能時，我卻在這方面表現得很低劣。其他男孩子都被送到外面，去學習如何自我應變，或者很多男孩湊在一起，學習過團體生活，而我的教育所缺少的，主要的就是這一點。我的生活有節制，並且經常散步，所以長大時，身體健康，能吃苦耐勞（雖然不是很強壯），但是，我卻無法表現技巧或體力上的技藝，並且對於一般的運動一無所知。父親並沒有禁止我遊玩，並且我也有時間遊玩。雖然我並沒有假日，因爲父親唯恐影響到工作的習慣，養成喜歡懶散生活的嗜好，但是，我每天卻有足夠的閒暇自我消遣。然而，因爲我沒有男孩同伴，而身體活動的本能需要，都由散步來滿足，所以，我的消遣（大部分是一個人爲之）一般而言就算不是很有書卷氣，也是很安靜的，並且除了刺激已經由學習所喚起的心智活動之外，幾乎不刺激任何其他心智活動。因此，凡是需要手部靈敏的事情，我都長時間不擅長（只是不見得一直不擅長）。我的心智，就像我的雙手，一旦應用在（或者應該應用在）實際的細節上，就表現得很不高明；而實際的細節對大部分人而言，是生活中主要利害關係所在，也是他們任何的心智能力自我表現的主要所在。因爲我對於日常生活表現得粗心大意，懶懶散散，所以經常受到責備。父親在這些細節上剛好是相反的極端：他的感官和神經常處於警戒狀態。他的整個儀態表現出相當的決毅和精力，生活中的每個行動也是如此。這一點以及他的才賦，經常使得那些與他接觸的人，留下深刻的印象。但是精力充沛的父母所生的孩子，長大時經常並不精力充沛，因爲他們依賴父母，他們認爲父母精力充沛。父親所給我的教育，比較適合訓練我去「知」，比較不適合訓練我去「行」。並不是說父親不知道我的缺陷；我在童年和年輕時代，父親都對於我的缺陷提出嚴厲的諄諄教誨，使我經常感到很苦惱。他對於我的缺點絕不表現得很遲鈍，也不加以容忍。但是，他雖然不讓我接觸學校生活的壞影響力，卻也沒有努力要提供我充分的「代用品」，以取代學校生活的實際性影響力。無論他自己可能在毫不困難或沒有特別訓練的情況下，培養了自己什麼特性，他似乎都認爲，我應該同樣很容易地培養那些特性。我想，他在這件事情上，沒有像在大部分其他方面的教育上，表現出同樣的思慮和注意力；在這一點上，就像在教導我的其他要點上，他似乎無緣無故祈求效果的出現。

第二章　青年早期的道德影響力

——父親的性格與見解

在我的教育過程之中，就像每個人的教育過程一樣，道德的影響力比其他一切都更重要，也是最複雜、最難以完全陳述的。我不想嘗試一件徒然的工作，也就是說，不去詳細說明塑造我早期性格的道德影響力；我只想提出一些要點，因爲如要眞實地敘述我的教育過程，這些要點是不可或缺的。

我在成長的過程中，從一開始就不具宗教信仰——就「宗教信仰」一般爲人接受的意義而言。父親接受蘇格蘭長老會教條的教育，靠著自己的研究和思省，很早就拒斥對於天啓的信仰，並且也拒斥一般所謂的「自然宗教」所依賴的基礎。我曾聽他說，他在這方面的心靈轉捩點是：閱讀布特勒（Butler）的《類推法》（Analogy）一書。他經常以尊敬的口吻談到這部作品。如同他所說的，有一段相當長的時間，這部作品使得他相信基督教的神聖權威，因爲這部作品向他證明了一個事實，那就是：無論人們多麼難於相信舊約和新約是源於一個非常明智和善良的「神」，或者記錄這個「神」的行爲，但是，如要相信這樣一個「神」是宇宙的創造者，卻也是同樣困難，且更加困難。父親認爲：布特勒的論辯是決定性的；它反駁了其所針對的唯一對手。那些承認這個世界有一個萬能、完全公正和仁慈的創造者與統治者的人，幾乎無法反駁基督教，除了反駁別人可能以同樣的力量提出來駁斥他們的那些言詞。因此，父親在「自然神論」（Deism）之中沒有發現立足點；他處在一種迷惑的狀態之中，一直到他無疑經歷了很多掙扎之後，終於相信，就萬物的起源而論，一切都不可知。這是陳述他的意見的唯一正確方式；因爲他認爲教條式的無神論是荒謬的，就像被世人認爲是無神論者的大部分人，也經常認爲教條式的無神論是荒謬的。這些細節很重要，因爲它們顯示出一個事實，那就是：父親對於宗教信仰的拒斥，並不是像很多人所認爲的那樣主要是邏輯和證據的問題。其拒斥的基礎是道德的，不只是知性的。他認爲自己不可能去相信以下這件事：這樣一個充滿罪惡的世界，是一個造物主將無限的力量結合以至善和至正後所產生的成果。他的知性拒斥一件事，即人們以「不可思議」爲託詞，試圖逃避這種昭然的矛盾。我想，他理應不會非難希巴人或摩尼教的理論：有一種「善」的本質和一種「惡」的本質，彼此爭著要支配宇宙。我曾聽到他爲了一個事實而表示很驚奇，那就是，在我們的時代中，沒有人復興希巴人或摩尼教的理論。他會認爲這個理論只是一種假設，但是他也會認爲這種理論並沒有敗壞人心的影響力。事實上，他嫌惡宗教（就宗教一詞通常所具有的意義而言），就像盧克雷提斯（Lucretius）對宗教的那種嫌惡一樣。他對於宗教的感覺，並不歸因於純然的心智困惑，而是歸因於強烈的道德罪惡。他認爲宗教是道德的最大敵人，因爲，首先，宗教建立起虛假的優點，即「對於教條的信仰」、「虔誠的感覺」，以及「儀式」；這一切都與人類的善無關，但宗教卻要人們接受這一切，視爲眞正的美德的代用品。尤其重要的一點是，宗教大大地破壞了道德的標準，認爲道德的標準在於完成一個「神」的旨意，對其濫加諂媚，但卻又以嚴肅的事實把它描述爲相當可恨。我曾不下一百次聽到父親說：各個時代、各個國家都把它們的神祇描述爲很邪惡，並且程度不斷增加；人類繼續累積各種邪惡的特性，一直到他們對於「邪惡」有最完整的概念，將之稱呼爲「上帝」，在他面前匍匐。父親認爲這種「邪惡」的極點，被具體化於人類一般所謂的基督教的教條中。請想想（他時常這樣說），一個「神」創造了一個「地獄」——他創造人類時，具有絕對正確的先見，因此也具有一種意向，那就是，要把大部分的人類送往地獄，接受可怕而永恆的折磨。我相信，人們不久將不再把這種涉及崇拜對象的可怕概念，認同於基督教；凡是有道德善惡感的人、將會跟我父親一樣，以憤怒的心情看待這種概念。父親跟任何人一樣清楚，基督徒一般而言並沒有像人們所預期的那樣遭遇到不道德的影響力——雖然基督教教條之中本來就具有這種不道德的影響力。基督徒在思想上表現得很粗心，他們的理性爲恐懼、願望和感情所壓抑，使得他們能夠接受一個涉及詞語矛盾的理論，也使得他們無法看出理論的邏輯結果。人類就這樣很容易同時相信各種彼此互相牴觸的事物。大部分人都會接受和信仰一些事物，視爲眞理，認爲很重要，而之所以認爲很重要，乃是因爲他們覺得，大家都毫無懷疑地信仰一個「萬能的地獄創造者」，大家都無論如何把這個「神」，視同爲他們所能夠形成的最完美的「至善」概念。他們所崇拜的不是他們所想像的「神」的實際面目——惡魔，而是他們自己對於「優越境地」所抱持的理想。不幸的是，這樣一種信仰使得他們的理想貶得很低，並且對於易於提高其理想的一切意念，施加最頑強的抗拒力量。只要有一種觀念，會使得心智掌握到有關「優越境地」的清晰概念和高尙標準，那麼信仰者就會逃避這種觀念，因爲他們覺得（甚至在他們並沒有看清的時候）：這樣一種標準會牴觸很多的天意神命，會牴觸很多他們所謂的基督教教條。如此，道德繼續成爲一種盲目的傳統，沒有一致的原則來指引它，甚至沒有一致的感覺來指引它。

如果父親讓我有了一些想法，而這些想法跟他在宗教方面的信念和感想背道而馳，那麼，他就會認爲，這樣完全違反了他對於「責任」的觀念。他從一開始就灌輸我一個想法，那就是：「世界如何產生」是我們一無所知的問題；「誰創造了我」這個問題是無法回答的，因爲我們沒有經驗，也沒有眞實的訊息，無法藉以回答這個問題。任何的答案都只會更增加困難，因爲問題立刻又會出現：誰創造了上帝？父親同時又注意要我了解一件事，那就是，人類對於這些無法解決的問題都有些什麼想法？我已經提到，父親在很早的時候，就要我閱讀教會的歷史。他教我要對「宗教改革」懷有最強烈的興趣，因爲「宗教改革」是人們爲了爭取思想的自由，而對於教士的專制所進行的偉大和決定性的抗爭行爲。

如此，我成爲英國少數的例子之一，也就是說，在英國之中，很少有人像我這樣：不曾拋棄宗教信仰，但卻又不曾有宗教信仰。就宗教信仰而言，我在成長的過程中，是處在一種負面的狀態中。我對於現代宗教的看法，完全就像我對古代宗教的看法：認爲它們跟我沒有關係。英國人相信我所不相信的事情，這一點我並不認爲很奇怪，就像我在赫羅多特斯（Herodotus）的作品中所讀到的人，相信我所不相信的事情，我也不認爲很奇怪。歷史已經讓我熟悉一個事實，那就是：人類之中有各種不同的見解；英國人相信我所不相信的事情，這只是這個事實的延伸。然而，我早期教育中的這一點卻剛好造成一種不良的影響，値得加以注意。父親提供我與世人背道而馳的見解，但他認爲，所提供的見解必須是不能向世人公開宣布的。於是，由於父親在我早年的時候教我將自己的想法祕而不宣，因而就有了一些道德上的不利情況伴隨而來。雖然我很少與陌生人交往，尤其是很少與那些可能跟我談到宗教的人交往，如此使我不至於公開宣布自己的想法，也不致於表現得虛僞，但我卻記得童年時，我有兩次覺得自己必須公開宣布自己的想法，不然就是表現得虛僞。結果兩次我都公開宣布不信宗教，並且還自我辯護。我的對手是兩個男孩子，年紀比我大很多，其中一個男孩確實被我駁得茫然不知所措，但我們兩人之間不曾再談到這個問題；另一個男孩表現得很驚奇，有一點愣住了，他有一段時間盡力要說服我，但卻沒有結果。

「討論的自由」有很大的進展，這是「現代」和「我的童年時代」之間的最重要差異之一，並且也已經大大改變了這個問題的道德性。我認爲，像我父親那樣的人——具有智力和公益精神，並且在宗教問題上，或其他有關思想的重大問題上，表現出強烈的道德信念，堅持那些不受歡迎的見解——在現在是很少會向世人隱藏這種見解的，也很少會教導人們去隱藏這種見解，除非在以下這種情況（越來越少見了）：坦白談論這種問題可能使他們丟了飯碗，或者可能受到排斥，使他們無法發揮個人所長而有益人類。尤其就宗教問題而言，所有具備知識的人在經過相當考慮之後，都會認爲，現今人們在宗教方面的見解不僅是虛假的，也是有害的。我認爲，所有具備知識的人，現在應該公開自己的異議；至少，如果他們有地位或名聲，人們會去注意他們的見解，他們就應該這樣做。如此公開宣稱他們的見解之後，就會永遠結束一種普遍的偏見，人們就不再會認爲：所謂的不信仰宗教（很不適當的說法）是因爲理智或感情有了問題。如果世人知道在最爲這個世界增光的人物（一般人認爲智慧和美德最傑出的那些人）之中，有很多人都是宗教的懷疑論者，那麼，他們會很驚奇的。這些懷疑論者之中，有很多人沒有公開宣布自己的懷疑，這並不是基於個人的考慮，而是基於一種良心的恐懼（我認爲是最錯誤的恐懼）：唯恐說出的話會削弱現存的信仰（因此削弱現存的約束），如此做出有害的事，而不是有益的事。

關於「不信仰宗教的人」（所謂的「不信仰宗教的人」）以及「信仰宗教的人」，是有很多種類，包括了幾乎每一種道德類型。但是，其中最好的人，卻比那些唯我獨尊地妄稱是「有宗教情操的人」，更眞實地表現出宗教情操（就「宗教」一詞的最佳意義而言），這一點，凡是有機會認識其中最好的人，都會欣然肯定（「信仰宗教的人」很少有機會認識他們）。由於時代變得寬容，或者換句話說，由於頑固的偏見式微，人們不再因爲某一件事物有違他們的預期而昧於其存在，因此，大家都普遍承認自然神論者可能眞的具有宗教情操。但是，如果宗教代表性格的任何優點，而不是僅僅代表教條，那麼，很多不信仰自然神教的人，也同樣可以說是具有宗教情操。雖然這些人可能認爲，並沒有完全的證據可以證明宇宙是設計出來的，雖然這些人確實不相信宇宙有一位創造者和統治者，其力量是絕對的，其善是完美的，但是，這些人卻具有一種特性，而這種特性構成了任何宗教的主要價值，那就是對於一個「完美的神」有一種理想的觀念。他們總是說，這種理想的觀念是他們良知的指引。這種「善」的理想，通常比客觀的自然神更接近完美境地。那些信仰自然神的人認爲，他們必須去發現造物主絕對的善——儘管造物主創造了一個充滿痛苦以及被不公正所傷害的世界。

父親的道德信念完全與宗教分離，很具有希臘哲學家的道德信念的特性。他的道德信念強有力又果斷地表達出來——他所表達出來的一切都是強有力而果斷的。甚至在早年我與他一起閱讀色諾芬（Xenophon）的《値得回憶的往事》（Memorabilia）的時候，我也從那部作品以及從他的評論中，學會對於蘇格拉底的性格深表敬意。蘇格拉底在我心目中是「理想優越境地」的典範。我記得父親當時在我腦中灌輸了「赫鳩勒斯的選擇」（Choice of Hercules）的教訓①。在往後的時期，表現於柏拉圖作品中的那種道德標準，相當強有力地在我身上發生作用。父親的道德教誨一直是以「蘇格拉底的門徒」的道德教誨爲主體：公正、節制（他相當廣泛地注意這種教誨）、誠實、堅忍、欣然面對痛苦，尤其是面對勞苦；看重公益；根據別人的長處評估別人，根據事物本來的用途評估事物；以及勤勉的生活——相對於自我縱容的懶散生活。他以簡短的句子表達出這些道德以及其他道德，或者訴諸嚴肅的勸誡，或者訴諸嚴厲的斥責和蔑視，視情況而定。

但是，雖然直接的道德教訓很有用，間接的道德教訓更有用。父親對我的性格所產生的

①「赫鳩勒斯的選擇」即美德與惡德之間的選擇，見於色諾芬的《値得回憶的往事》。——譯註

影響，並不完全取決於他爲了達到直接的目的而說出來或做出來的事情，其實也更取決於他自身是什麼樣的人。

他的人生觀帶有幾分禁慾主義者、享樂主義者以及犬儒主義者的特色——就這些詞的古代意義而言，不是就它們的現代意義而言。就他個人的特性而言，禁慾主義者的特色占優勢。他的道德標準是享樂主義者的標準，因爲享樂主義是實利主義的，其衡量「對」與「錯」的唯一標準是：行動傾向於產生「樂」或「苦」。但他幾乎不相信「樂」（這是犬儒主義的成分），至少在他晚年時是如此——就這一點而言，只有他的晚年，我可以很有自信地談及。他並不是對於享樂表現得很遲鈍；但是，他認爲，很少有什麼享樂值得我們必須爲它們付出代價——至少在現在的社會狀態中是如此。他認爲，生命中最多的錯失是歸因於過分看重享樂。因此，「節制」對於他而言，就像對於希臘哲學家而言一樣，幾乎是教育法則的中心要點。而這兒所謂的「節制」，是就希臘哲學家意指的廣大意義而言——任何的放縱都要僅止於中庸的程度。他對於這種美德所提出的教誨，在我童年的記憶中占了很大的部分。他認爲，人的生命在青春時期，以及好奇心沒有滿足的時期，呈現出清新狀態，但在這種狀態消失之後，人的生命充其量是顯得很可憐的。他並不時常談到這個話題，尤其是不在年輕人面前談及。但是，一旦他談及，卻表現出很堅定和強烈的信心。他時常說，如果生命是由美好的政府和美好的教育所形成，那麼生命就値得擁有；但是，他卻未曾很熱心地談到這種可能性。他總是認爲，知性的愉悅高於所有其他的愉悅——甚至就歡悅的價値而言，撇開其隱含的益處不談，也是如此。他很看重慈善的感情所帶來的歡悅；他總是說，除非老年人能夠再度生活在年輕人的歡樂中，不然，他們就不會快樂。他承認自己最輕視各種強烈的情緒，也最輕視所有讚揚強烈情緒的言詞和文學。他認爲這一切都是一種瘋狂的形式。「強烈」一詞對他而言是意味著嘲弄性的非難。在他看來，太強調感覺是現代道德標準——與古代的道德標準相比——的一種變態。他認爲，感覺並不是人們讚美或譴責的適當對象。他認爲，「對」與「錯」，「好」與「壞」，完全是行爲的特性——完全是作爲和不作爲的特性。所有的感覺都可能（並且經常）導致好行爲或壞行爲。良知本身——表現正確行爲的慾望——時常導致人們表現錯誤的行爲。他經常履行一種學說：讚美和譴責的目的，應該是在於阻止錯誤的行爲，以及鼓勵正確的行爲；他不讓自己的讚美或譴責受到行爲者動機的影響。縱使行爲者的動機是責任感，但卻表現出他（我的父親）所認爲的壞行爲，那麼，他也會嚴肅地譴責這種壞行爲，好像行爲者是有意做壞事的人。雖然宗教裁判官確實相信燒死異教徒是一種良心的責任，但是父親卻不會因此接受這個事實，視之爲從輕發落宗教裁判官的口實。但是，雖然他不讓目的的誠正來緩和他對於行爲的非難，然而，目的的誠正卻相當影響他對於品格的評估。沒有人像他那樣看重意向的正直和誠實，也沒有人像他那樣輕視他自認爲意向不正直和不誠實的人。但是，他對於有其他缺點的人，也同樣不喜歡——只要他認爲，他們的缺點同樣會使得他們去表現不良的行爲。例如：他不喜歡目標不善的狂熱分子，就像他不喜歡採行自私目標的人，或者，他不喜歡前者更甚於後者，因爲他認爲，前者甚至更可能在實際上做出壞事。如此，他對於很多智力上的錯誤（或者他所認爲的智力上的錯誤）所表示的嫌惡，就某一個意義而言，具有幾分道德感的特性。這一切只是在說明一件事，那就是，在某種程度上（以前是平常的程度，但現在是很不平常的程度），他把自己的感受加進自己的意見之中。我們確實很難了解感受和意見相當強烈的人，怎麼不會把自己的感受加進意見之中。只有不在乎意見的人，才會將這種情況誤以爲是不容忍。有些人認爲自己的意見非常重要，認爲與自己相反的意見非常有害，並且又對於一般的善表示相當的尊重。這種人一旦遇到別人把自己認爲對的事情視爲錯，把自己認爲錯的事情視爲對，那麼他們就一定會不喜歡這樣做的人（無論就作爲一種人而言，或就抽象的意義而言），只是，他們並不必要因此漠視對手美好的特性（父親並沒有這樣），也不必要在評估個人時，取決於一種一般性的臆測，而不取決於整個性格。我承認，一個眞誠的人，跟其他人一樣會犯錯，也容易會不喜歡別人——因爲別人有了他所不喜歡的意見（雖然不應該不喜歡）。但是，如果他不傷害到別人，也不默許第三者傷害到他們，那麼，我們就不能說他不容忍。如果我們在良心上覺得，「寬容」對於有同等自由表達意見的人類而言，是很重要的，因而表現出對他們的寬容，那麼，這種寬容是唯一值得讚美的容忍，或者就心智的最高道德層次而言，是唯一可能的容忍。

我們會承認：上面所描述的這樣一位有見解又有性格的人，很可能會在主要由他所塑造的任何人的心智上，留下強烈的道德印象，並且他的道德教誨在針對「放縱」或「縱容」

方面，也不可能發生錯誤。他與孩子的道德關係，主要缺少了一種因素——溫柔。我不認爲這種缺陷取決於他自己的性情。我相信：他的感情比他習慣表現的還多，表現感情的能力也比他所培養的還強。他像大部分的英國人一樣，羞於表露出感情的徵象，並且由於沒有表現出來，所以感情就枯竭了。如果我們進一步考慮：他處在一種難堪的情勢中（即他是我唯一的教師），再加上他的脾氣天生暴躁，那麼，我們就可能對這樣一位父親感到眞正的同情。他爲孩子做（努力去做）那麼多；他本來會很看重孩子的感情表現，然而他一定經常感覺到：孩子們因爲怕他，所以感情的源泉逐漸乾枯了。但是，到了後來，就較小的孩子而言，情況不再如此了；他們很親切地愛他。縱使我並沒有像他們那樣親切地愛他，但我卻經常忠於他。至於我的教育，他的嚴厲是使我更加受害或受益，我很難說。他的嚴厲並沒有使我失去快樂的童年。我並不認爲，只用說服的力量和溫言柔語，就能夠促使男孩子們表現活力（更不用說毅力），用功去學習枯燥和令人厭煩的東西。孩子必須做很多事情，必須學習很多事情，因此，嚴格的紀律以及懲罰是不可或缺的方法。在現代的教學之中，人們把年輕人需要學習的東西，盡可能變得容易又有趣，這無疑是一種很值得讚賞的努力。但是，一旦這個原則應用得太過分，演變成只要求年輕人學習容易又有趣的東西，那麼，教育的主要目標就犧牲了。我很高興，往昔那種無情又專制的教學體系已經式微——雖然這種體系確實曾迫使學生養成用功的習慣。但是，新的教學體系（我認爲是新的）所訓練出來的人，卻將無法去做他們所不喜歡的事情。因此，我認爲「恐懼」之爲教育中的一種因素還是必要的。但我確知「恐懼」不應該是主要的因素；如果「恐懼」所占的分量很重，以致於使得孩子們無法對於日後應該毫無保留地信任的導師，表現出愛意和信心，並且禁錮了孩子們本性中的源泉，使他們無法坦誠而自然地與導師溝通，那麼，「恐懼」就是一種弊病，一定會相當地削弱了教育的其他部分所可能提供的益處——道德和知性方面的益處。

在我生命的這個最初期之中，經常到父親的房子走動的人，是很少的，大部分都藉藉無名。但是，因爲他們具備個人的價值，並且至少與父親的政治見解多少意氣相投（但這種情況在當時沒有像以後那麼常見），所以，父親就與他們交往了。我傾聽父親與他們的談話，感到既有益又有趣。由於我是父親書房中的常客，所以我熟悉他最好的朋友大衛・李嘉圖（David Ricardo）。由於李嘉圖面貌慈善，模樣親切，所以相當吸引年輕人。在我開始研讀政治經濟學之後，他還邀請我到他家，跟他一起散步，以便跟他談論政治經濟學方面的問題。我更常去休姆（Hume）先生家拜訪。休姆先生誕生於蘇格蘭，跟我父親同屬一個地區，我想是父親年紀較小的同學，或者大學時代的同伴。他從印度回來之後，與父親重敘年輕時代的友誼，並且像其他人一樣，受到父親智力和性格力量很大的影響。部分由於這種影響力的緣故，他成爲議院的一員，而他在議院中所採取的行動方向，使他在英國的歷史中占有榮譽的地位。我看到邊沁（Bentham）先生的次數更多，因爲他和父親之間關係非常親密。我不知道他們是在父親第一次到達英格蘭之後多久認識的。但是，在很有名氣的英國人之中，父親最早了解到邊沁在倫理、政府和法律方面的一般觀點，也大體上採行他的這種觀點。這是兩人同氣相求的自然基礎，並且在邊沁生命的一段期間中（他當時不像以後那樣接見較多訪客），使得兩人成爲親密的同伴。在這段期間，邊沁先生每年都有一部分時間在「巴羅綠地邸宅」度過。「巴羅綠地邸宅」位於色雷郡群山的一個美麗地區，離嘉史頓有幾哩遠，我每年夏天都陪父親到那兒做長時間的拜訪工作。一八一三年，邊沁先生、父親和我享受了一次旅遊，所到之處包括牛津、巴斯和布利斯多爾、伊克斯特、普利茅斯，以及波茲茅斯。在這次旅行中，我看到了很多對我有助益的事物，並且第一次養成了對於自然景物的品味——對於某一種景色的基本喜愛。接下來的冬天，我們搬進一間很靠近邊沁先生的房子，是父親向邊沁先生租的，位於西敏寺的王后廣場。從一八一四年到一八一七年，邊沁先生每年有一半的時間住在桑墨色郡（或者說德凡郡的一部分，四周是桑墨色郡）的福德寺，因此，我有幸在那兒度過每年的那段時間。我認爲，這樣的寄居生活是我的教育中的一個重要環境因素。住宅那種恢宏又自由的氣象，最能孕育出住者高尚的情操。在這個古老又美妙的地方，可以看到中世紀的建築、宏偉的廳堂，以及既寬又高的房間，非常不同於英國中產階級的低俗和狹窄的外觀。它提供了較廣闊、自由的生活的情操，對我而言是一種詩意的薰陶，而聳立著福德寺的庭園有其特色，也有助於這種薰陶，因爲庭園充滿歡悅的氣息，又顯得隱蔽而多蔭，流水下落的聲音不絕於耳。

在法國住一年是我的教育之中的另一個幸運的環境因素，而這個因素是歸功於邊沁先生的將軍弟弟桑繆爾・邊沁爵士（Sir Samnel Beutham）。我曾見到桑繆爾・邊沁爵士和他的家人，地點是在靠近哥德港他們的房子，時間是我已經提過的那次旅遊（他當時是波茲茅斯造船廠的監督）——他們在停戰不久之後，趁前往大陸定居之前，到福德寺停留了幾天。一八二〇年，他們邀請我到法國南部拜訪他們六個月，但因爲他們的盛情難卻，終於延長爲幾乎十二個月之久。桑繆爾・邊沁爵士雖然心智不同於傑出的哥哥，但卻具有相當的才能和一般性的智力，對於機械的技術表現出明顯的天賦。他的妻子是著名的化學家佛迪斯（Fordyce）醫生的女兒，意志堅強，性格明確，具備相當豐富的一般性知識，表現出像瑪麗亞・爾吉渥斯（Maria Edgeworth）一樣的卓越又實際的明智。她是家中的主宰——她很配，很有資格。他們的家中有一個兒子（傑出的生物學家）和三個女兒，最小的一位大約比我大兩歲。他們教導了我很多各方面的事情，幾乎像父母一樣關心我的福祉。我在一八二〇年五月第一次到法國找他們時，他們是住在龐畢南莊園（仍然屬於伏爾泰的敵人的一位後代），居高臨下，俯視位於孟陶班和托羅斯之間的加樂內平原。我陪他們去旅遊庇里牛斯山，在巴格尼爾・德・畢果雷待了一段時間，也旅行到巴烏、貝約內以及巴格尼爾・德・盧瓊，並且爬上米迪・德・畢果雷的高峰。第一次接觸最高的山峰風景，在我心中留下最深的印象，爲我一生的品味增加了某一種色彩。十月時，我們沿著卡斯翠斯和聖龐斯的美麗山路，從托羅斯前進到蒙培里爾。桑繆爾・邊沁爵士剛在蒙培里爾地區買下雷斯亭克利爾的地產，靠近聖盧普獨峰的山腳。在這次旅居法國的期間，我熟悉了法國語言，也了解了一般的法國文學。我學習了各種運動，但沒有一樣精通。在蒙培里爾，我參加了在法國學術院舉行的優異冬季講座，包括安格拉達（Anglada）先生的化學講座、普羅文沙（Provensal）先生的動物學講座，以及一位很有成就的十八世紀形上學代表人物傑供內（gorgonne）先生的邏輯講座——講座的名字是「科學的哲學」。我也在「蒙培里爾中學」的一位教授冷色里克（Leuthēric）的私人教導下，學習了較高級數學的課程。但是，我從自己的教育中的這次插曲，所獲得的很多益處中，最大者乃是，整整一年呼吸著大陸生活的自由又友善的氣息。雖然我當時無法評估這種益處，甚至無法有意識地感受到這種益處，但是它並不因此減少其眞實性。由於我對於英國生活沒有什麼經驗，而我認識的少數人，大部分都心懷大眾，目標廣大，不具私慾，所以，我並不知道以下的情況其實存在於英國。其一，英國社會道德格調低下；其二，英國人習慣對於以下這件事情心照不宣，每每在暗示中視爲當然，那就是，行爲當然總是針對低下和微不足道的目標；其三，英國人沒有高尚的感情，這一點可以見之於一個事實：他們輕蔑高尚感情的表現，除了少數較嚴格的宗教家，一般而言都不去表白任何高尚的行動原則，除非是在一些預定的情況中，把這種表白當做某種場合的部分形式和表面工作。我當時無法了解也無法評定。英國人的這種生活方式和法國人的生活方式之間有什麼差異。縱使法國人同樣有缺點，但他們的缺點無論如何是不同的。法國人的感情比起英國人來，至少可以說是高尚的，並且是人與人之間交往的「通貨」，無論在書籍之中和在私人生活中都是如此。他們的感情雖然時常沒有表白出來，但卻因爲經常加以運用，所以活現在整個國家之中，並且受到感情共鳴的刺激，形成了很多人生活中有生命又活躍的一部分，同時又爲所有的人所體認與了解。我當時也無法欣賞一般的知性文化——這種知性文化起源於對感情的習慣性運用，因此伸延到歐陸幾個國家的最沒有受教育的階級之中，其程度是英國所謂受教育階級所不能比擬的，除非良心所表現的不尋常敏感，促使人們習慣性地運用智力，去面對「對」和「錯」的問題。我當時並不知道一般英國人對於公利不感興趣（除非偶爾對於某一件特別的事情感興趣），又不習慣把自己確實感興趣的事情說給別人聽，甚至也不大習慣說給自己聽，所以他們的感情和智力無所發展，或者只在單一而很有限的方面有所發展，使得被認爲精神人類的他們，淪爲一種負面的存在。這一切，我都是在很久之後才知覺到。但是，甚至在那時，我就感覺到法國人和英國人之間的對照：法國人的個人交際表現出坦誠的群居性和友善態度，而英國人的生活模式則是：每個人的表現好像其他人都是敵人或令人厭倦的人（很少有例外，或者完全沒有例外）。是的，在法國，個人和國民性的優點和缺點，比在英國更加顯露在外表上，並且更大膽地凸顯在平常的交際中，但是，法國人一般而言都會對別人表示友善的感情，也期望別人對他們如此——只要沒有明確的原因阻止他們這樣做。在英國，只有上層階級或上中階級教養最好的人才可能如此。

在啓程和回程經過巴黎的途中，我都曾在薩伊（Say）先生的家中度過一段時間。薩伊先生是傑出的政治經濟學家，也是父親的朋友，當與父親通信；他是在停戰後的一、兩年到英國訪問時認識父親的。薩伊先生是法國大革命後期的人物，也是最佳的法國共和主義者的優秀典型。雖然拿破崙引誘薩伊先生屈服於他，但薩伊先生卻不曾屈服。他（薩伊先生）的確很正直、勇敢又開明，過著安靜又好學的生活，於公於私都表現出溫情，所以他感覺很快樂。他認識自由派的很多領袖；我待在他家時，看到很多值得注意的人物，其中使我回憶起來覺得愉快的是聖西蒙（Saint-Simon），他當時還沒有創立一種哲學或宗教，只是被認為是一個聰明的「怪人」。我認識這些上流人物，其主要成果是，對於歐陸自由主義產生強烈而永恆的興趣。我以後一直很通曉歐陸自由主義，就像通曉英國政治一樣，這在當時的英國人而言，是完全不尋常的事，並且對於我的生命發展也有很健全的影響力，使我免於那種經常流行於英國的錯誤——甚至像父親那樣沒有偏見的人，也不能免於這種流行的錯誤——那就是，以純然英國的標準去判斷普遍性的問題。在跟父親的一個老朋友於克恩度過幾個星期後，我於一八二一年七月回到英國，我的教育又恢復平常的過程。

第三章　教育的最後階段以及最初的自我教育

從法國回來之後的最初一、兩年，我繼續原來的課業，加上一些新的課業。我回來時，父親正要完成《政治經濟學要義》一書，準備付梓；他讓我在手稿上做一種練習，也就是邊沁先生在自己的所有作品中所做的練習——寫出他所謂的「邊際的內容」，也就是把每一段加以摘要，讓原作者更容易判斷和改進觀念的次序，以及一般的闡釋性質。不久之後，父親給了我孔迪拉（Condillac）的《感覺的特性》（Traité des Sensations）一書，以及他的《學習教本》（Cours d'Etudes）中有關邏輯和形上學的部分。第一本書是作為一種範例，也是作為一種警告（儘管孔迪拉的心理學體系和我父親的心理學體系表面上很相似）。我不確知是在這年冬天或者過一年冬天，第一次讀了一本法國革命史。我了解一件事之後感到很驚奇，那就是，民主的原則雖然在歐洲各地顯然是屬於微不足道又無望的少數人的主張，但卻在三十年前的法國造就了一切，並且已經是法國人的信條。從這一點，也許可以猜想出：我在這之前對那次大騷動①只有很模糊的觀念。我只知道，法國推翻了路易十四和十五的絕對君權，將國王和王后處死，將很多人送上斷頭臺——其中一人是拉佛席爾（Lavoisier）——最後陷入拿破崙的專制政治之中。很自然地，從這個時候起，這個問題就大大支配了我的感情，結合了我所有的青少年抱負——成為擁護民主的人物。這麼晚發生

---

① 法國大革命。——譯註

的事情，好像可能很容易再發生；我所能夠想像的最具超越性的榮耀是在英國的一個議會中，成爲一名吉倫特黨②黨員，無論成功與否。

一八二一年至一八二二年間的冬天，承蒙約翰・奧斯汀（John Austin）先生——我到法國時，父親剛認識他——允許我跟他研讀羅馬法律。父親儘管厭惡英國法律的不文明和混亂無章，卻把心思轉向法律界，因爲當時一般而言，我比較適合從事法律行業，不適合從事其他行業。奧斯汀先生擷取邊沁的最優秀觀念，融會貫通，成爲他自己的觀念，又從其他來源和他自己的心智之中，加上更多的觀念。我跟他研讀法律，不僅是法律學習的有價值入門，並且也是一般教育的一個重要部分。我跟奧斯汀先生研讀了赫尼修斯（Heineccius）論法學原理的著作、他的《羅馬古代法》，以及他對於《查士丁尼法典》的部分解說，再加上相當部分的布拉克斯東（Blackstone）作品。在我開始研讀這些作品時，父親提供了這些作品的必要伴讀部分，也就是邊沁的主要理論——由杜蒙特（Dumont）在《立法特性》（Traité de Législation）一書之中向歐陸的人士以及向全世界的人士加以詮釋。閱讀這本書是我生命中的一個紀元，是我精神史的轉捩點之一。

就某一個意義而言，我先前的教育已經是一種邊沁主義的課程。父親一直教我要應用邊

② 法國大革命時的一個穩健共和黨。——譯註

沁有關「最大的幸福」的標準。我甚至通曉一則有關這方面的抽象議論。這則議論是父親一篇論及政府的對話——根據柏拉圖模式所寫，未出版——的一部分。然而，在邊沁的作品最初幾頁中，其新奇的力量震懾了我。使我留下深刻印象的是其中的一章。邊沁在這一章之中評斷道德和立法之中的普通推理模式，這種推理模式演繹自諸如「自然法」、「正確理性」、「道德意識」、「自然的正直」以及等等的語詞。他將這些模式描述為偽裝的獨斷論，強加其意見在別人身上，以誇張的措詞為掩飾，而這種措詞並不為意見傳達什麼理由，只是提出意見，作為它自身的理由。我以前並沒有想到，邊沁的原則結束了這一切。此時，我有一種強烈的感覺，感覺到所有以前的道德家都被他取代了，這是一個新的思想時代的開始。這種印象更因一種情況而加強，那就是，邊沁以科學的形式，將快樂原則應用在行動的道德上，分析行動結果的不同種類和層次。但是，當時使我印象最深的是：「犯罪的分類」。這種分類在杜蒙特的修訂本中，比在邊沁的原始作品（杜蒙特的修訂本的出處）中更加清楚、紮實、動人。邏輯和柏拉圖的辯證法是我先前接受的訓練的一大部分，它使我很強烈地喜歡準確的分類。這種喜好更因研究植物學而加強，而得到啓迪。研究植物學是根據所謂的「自然方法」，而我在停留於法國時，曾很熱心地應用過「自然方法」——雖然只是作為一種娛樂。我發現，邊沁將科學的分類應用在重要而複雜的「可罰行為」方面，以「愉悅和痛苦的結果」這個道德原則作為指引，藉著由他所引進的詳細方法徹底實行，於是，我感覺自己置身於一種優越境地，可以從其中觀測一個廣闊的精神領域，看到無數的知性成果伸延到遠方。當我更加往前推進時，在這種知性的清晰狀態之中，似乎又加上了最激勵人心的遠景——人類情況的實際改進。有關邊沁對於法典結構的一般觀點，我並不全然陌生，因爲我曾用心讀過那篇精彩的摘要，也就是父親所寫的那篇〈法理學〉（Jurisprudence）。但是，我閱讀後幾乎沒有得到什麼益處，也幾乎沒有感到什麼興趣，無疑是因爲這篇文章具有極爲一般性和抽象的特性，也因爲這篇文章比較涉及法典的形式，比較不涉及法典的實質，比較涉及法律的邏輯，比較不涉及法律的道德。但是，邊沁的主題是「立法」；「法理學」只是「立法」的形式部分。邊沁在他作品的每一頁中，似乎提供了一種較清晰又廣闊的概念：人類的意見和制度應該是什麼？還有，如何可能使它們成爲應該呈現的形態？以及它們現在偏離所應該呈現的形態有多大的程度？當我放下最後一冊《立法特性》時，我已經變成另一個人。邊沁所了解以及應用於這三冊書中的「功利原則」，正好成爲一種基石，把構成我的知識和信念中的分離和片段的部分結合在一起，並且使我對於事物的概念具有統一性。此時，我有了一些見解；有了一種信條、一種學說、一種哲學；有了一種宗教——就「宗教」一詞最佳的意義而言，並且這種宗教的教誨以及傳播，能夠成爲一生的主要外在目的。我心目中有一種莊嚴的構想：想要藉著這種學說去改變人類的情況。《立法特性》一書最後提供了我認爲最令人印象深刻的人類生活情景，即此書之中所引介的見解和律則，所能夠提供的人類生活情景。此書以很謹愼的溫和態度預期人類生活的實際改善。雖然很多事物有一天會很自然地出現在人類之中，因此那些以前認爲這些事物只是幻想的人，可能受到過分譴責，但是，此書還是駁斥且反對這些事物，視之爲曖昧的熱情所導致的妄想。然而，在我心目中，這種超越幻象的姿態，卻增加了邊沁的學說對我的影響力，因爲這種姿態強化了精神力量的印象。邊沁確實開啓了改善人類生活的遠景，而這種遠景足夠廣闊、明亮，足以點亮我的生命，明確地塑造我的抱負。

此後，我經常閱讀邊沁已經問世的其他作品中最重要的部分——由他自己所寫出，或者由杜蒙特所編輯。這是我私人的閱讀，同時在父親的指導下，我的研讀進入了較高學門的分析心理學。此時，我閱讀洛克（Locke）的《論文》，寫出有關這部作品的一份報告，包括每一章的完全摘要，加上我所想到的評語：由父親讀出這些評語，或者我想是由我自己把評語讀給父親聽，然後徹底討論。我閱讀《精神的瑞士》（De l'Esprit）——此書是我自動選讀的——也是經歷了同樣的過程。這種準備摘要的工作由父親加以檢視，對我很有幫助，因爲我不得不準確地構想與表達心理學的各種學說（無論是當做眞理接受，或者只認爲是別人的見解）。在《精神的瑞士》之後，父親要我研讀他心目中心靈哲學方面的眞正傑作，即哈特雷（Hartley）的《對於人的觀察》（Observations of Man）。雖然此書沒有像《立法特性》那樣爲我的生命增加新光采，但卻也使我對其直接的主題留下同樣的印象。哈特雷藉著觀念聯想的律則，說明較複雜的精神現象，雖然在很多要點上並不完整，但卻因爲是一種眞正的分析，所以立刻使我產生好感，並且在對照之下，使我覺得孔迪拉純屬言詞的泛論有所不足，甚至洛克以教育的方式去摸索和探尋心理學的說明，也有其不足。就在此時，父親開始寫他的《心的分析》（Analysis of the Mind），把哈特雷說明精神現象的模式，引伸得更廣、更深。他每年只有一個月或六星期假期，是完全空閒的時間，得以集中心思寫這本書。他是在一八二二年夏天在多爾京所度過的第一個假期中，開始寫此書。從那時候起，一直到生命結束，除了兩年的例外，只要公務允許的話，他每年都在多爾京住六個月之久。他在幾個連續的假期中寫作《心的分析》，一直到一八二九年此書出版；在這期間，他允許我在作品進行時，逐部分閱讀他的手稿。其他有關精神哲學方面的英國作家，我喜歡的時候就閱讀，特別是巴克萊（Berkeley）的作品、休姆（Hume）的《論文》（Essays）、雷德（Reid）的作品、杜嘉德・史都華（Dugald Stewart）的作品，以及布朗（Brown）的論因果關係。布朗的《演講集》（Lectures）我兩、三年之後才讀到，那時父親自己也還沒有閱讀此書。

在這一年之中，我閱讀了一些相當有助於我的精神發展的作品，其中我應該提到一本書（以邊沁的一些手稿爲基礎寫成，以菲立普・波淺普〔Philip Beauchamp〕的假名出版），書名是《自然宗教對於人類世俗幸福的影響分析》（Analysis of the Influence of Natural Religion on the Temporal Happiness of Mankind）。此書並不是檢討宗教信仰的直理，而是檢討宗教信仰的有用性（就「宗教信仰」最一般的意義而言），也檢討所有特別的「天啓」的特性。在有關宗教的各部分討論中，宗教信仰的有用性在這個時代中是最重要的部分，因爲在這個時代中，對於任何宗教教義的眞正信仰顯得脆弱又不定，但人們卻幾乎普遍認為，這種真正的信仰對於道德和社會目的是必要的，並且在這個時代中，凡是拒斥「天啓」的人，通常都求助於樂觀的自然神教，崇拜大自然的秩序以及所謂的天意的方向。如果這種自然神教完全實現的話，至少和任何形式的基督教一樣充滿矛盾，也一樣對於道德情操有敗壞的作用。然而，很少有懷疑主義者寫出具有哲學性質的作品，駁斥這種形式的信仰的有用性。這部作者署名為菲立普・波淺普的作品，就是以這一點作為特別的目標。有人把這本作品的手稿拿給父親看，父親放進我手中。我對此書進行了一次邊際性分析，就像我對於《政治經濟學要義》一書所做的一樣。僅次於《立法特性》，此書是以其分析的銳利特性影響我最深的作品之一。最近我在過了很多年之後重讀此書，發現它具有邊沁主義思想模式的優點，也有其缺點，並且我現在認為，雖然此書包含有很多脆弱的論辯，但健全的論辯卻大大超過脆弱的論辯，而且也有很多好材料，有助於以較完整的哲學性和決定性去處理這個問題。

我想，我已經提到了對自己早期精神發展有相當影響力的所有作品。從這個時候起，我開始以寫作而非閱讀去進行知性的薰陶。一八二二年夏天，我寫了第一篇議論性的文章。現在，我對這篇文章幾乎沒有什麼記憶，只記得內容是攻擊我所認為的「貴族的偏見」，因為貴族們認為，富人在道德上都比窮人優越（或者可能比窮人優越）。我的表現完全是辯論方面的，不是痛責——雖然這個問題允許我這樣做，年輕作家也可能這樣做。無論如何，我在辯論方面是很沒有能力的，也一直是如此。枯燥的辯論是我能夠表現的唯一方式，也是我頗意嘗試的唯一方式，雖然我很容易感受到所有以理性爲基礎而訴諸感情的文章所產生的效果——無論是詩歌或演講的形式。一直到我寫完這篇文章，父親才知道有這篇文章；他對這篇文章很滿意，並且我也從別人口中獲知，他甚至還很自得。但是，也許他想要刺激我去發揮其他方面的心智能力，而不是純粹邏輯的能力，所以，他就勸我下一次寫一篇屬於演講類型的文章。在他的建議之下，我利用自己對希臘歷史和觀念的了解，以及對雅典演講家的了解，寫了兩篇演講詞，一篇是責難培里克雷斯（Pericles），一篇是爲他辯護，因爲有人告發他，說他在拉色德摩尼亞人入侵亞提加時，沒有前去與他們作戰。此後，我繼續寫論文，題目時常相當超過自己的能力外，但是，這種練習以及與父親之間的討論，卻使我獲益良多。

此時，我也開始與自己所接觸的有學之士，談論各種問題；這種接觸的機會很自然地變得更多了。父親有兩個朋友使我受益良多，並且我也最常跟他們交往，那就是格羅特（Grote）先生，以及約翰・奧斯汀（John Austin）先生。他們兩人都是新近與我父親認識，但卻很快就建立親密的關係。我想，格羅特先生是在一八一九年由李嘉圖先生介紹給父親（當時格羅特先生大約二十五歲），然後，他努力要與父親交往、談話。雖然他當時已經是一個相當有學問的人，但是與父親比起來，卻在有關人類見解的重要問題方面，顯出是一位初學的生手。然而，他很快擷取父親的最佳理念，早在一八二〇年就在政治見解方面成爲知名人物，因爲他寫了一本小冊子，爲「激進改革」辯護，回應詹姆士・馬金托斯（James

Mackintosh）爵士的一篇知名文章——當時剛登在《愛丁堡評論》之中。格羅特先生的銀行家父親，我想是一個徹底的保守黨黨員，而他的母親則是激進的福音主義者。所以，格羅特先生的自由主義見解，不是歸因於家庭的影響。然而，他並不像未來可能繼承遺產而致富的大部分人士；他雖然積極地從事銀行方面工作，但卻花費很多時間在哲學研究上。他與我父親的親密關係，很有助於決定他下一階段的精神進展所呈現的性質。我時常去拜訪他，與他談及政治、道德和哲學問題，除了使我得到很多有價值的教誨之外，也使我享有交談的愉悅和益處，因爲跟我交談的對象是一個知性和道德方面都相當卓越的人，他的一生和作品從那時候起，就向世人顯示出其在知性和道德方面的卓越特性。

奧斯汀先生比格羅特先生大四、五歲，是蘇福克一位退休磨坊主的長子。身爲磨坊主的父親在戰時因爲承包工作賺了錢，但想必是一個很有才能的人，這一點我是從一個事實中推論而來，那就是：他所有的兒子都表現得能力不凡，全都是彬彬君子。我們現在談的這位兒子，他的法理學作品享有盛名，曾在軍隊待了一段時間，服役於西西里威廉‧本亭克（William Bentinck）爵士的麾下。停戰之後，他出售任官令，轉向法律方面的研究，在我父親認識他之前，曾在法界服務了一段時間。他不像格羅特先生一樣是我父親的學生，但是，他藉著閱讀和思考，學習到相當多的相同見解，並且經由他自己很果斷的個性加以調節。他是一個很有智力的人，在談話時最能表現出來。他談話時，措詞有力又豐富，在討論的興奮情緒中，習慣以有力又豐富的措詞，堅持其對於最普遍性問題的某種觀點。他談話時，不僅表現出堅強的意志，同時也表現出審愼而冷靜的意志，加上一種尖酸的口吻——部分源自脾性，部分源自感情和思想的一般特質。在現在的社會和知性狀態中，每一個眼光敏銳而高度誠正的人，都多多少少對於生命和世界感到不滿足。但是，奧斯汀先生的不滿足，卻爲他的性格加上一種很憂鬱的意味，這對於那些無法將「被動的道德感受」和「充沛的精力」兩者加以調和的人而言，是很自然的現象。我們必須說，他的儀態似乎使人相當相信他的意志力量，而他的意志力量卻主要消耗在儀態之中。他對於人類的改善相當地熱心，有強烈的責任感，並且也具備能力和學識（由他留下的作品可以證明其程度），但卻幾乎不曾完成任何重要的知性工作。他對於應該做的事情抱持很高的標準，一旦自己的表現有缺陷，就會對缺陷有很過分的感覺。雖然他爲了某種場合和目的已經費了足夠的苦心，但卻還是無法滿足，所以，他不但因爲過分費勁而無法表現出很多工作的一般性益處，並且也花費很多時間和精力在多餘的學習和思想上，所以，當他的工作應該完成的時候卻經常累病了，連一半的工作也沒完成。由於這種精神上的弱點（在我所認識的有成就和有能力的人之中，他並不是唯一具有這種弱點的人），再加上身體不健康，時常生病，使他無能爲力（雖然並不危險），所以他一生之中幾乎沒有什麼成就——如果與他似乎能夠完成的工作加以比較的話。但是，最有資格的內行人，卻對他的成果給予最高的評價；並且像柯律吉（Coleridge）一樣，他可以提出一個事實來補償他的缺憾，那就是，他的談話對於很多人而言，不僅很有教益，並且也能大大提升品格。他對我的影響是最爲有益的——就最佳的意義而言是道德性的。他對我的興趣是眞誠的、由衷的；像他這種年紀、地位的人，性格又似乎很嚴肅，通常是不會對一個普通的年輕人這樣感興趣的。他的談話和風采透露一種高貴的格調；如果這種特性同樣存在於我當時所結交的其他人身上，也不見得會顯示出來。我與他的交往更加對我有益，因爲他屬於不同的精神類型，不同於我經常見面的其他知性人物，並且他從一開始，就毅然決然拒斥「偏見」和「心胸狹窄」兩種缺陷——凡是由一種特殊的思想模式或特殊的社會圈子所塑造的年輕人，都幾乎一定會有「偏見」和「心胸狹窄」的缺陷。

他的弟弟叫查爾斯．奧斯汀，我在此時以及以後的一、兩年常常見到他。他對我也有很大的影響，不過影響是屬於很不同的種類。他只比我大幾歲，當時剛從大學畢業；在大學期間是一個相當出名的人，因爲他很聰明，在演講和言談方面的表現也很傑出。他對於同時代的劍橋人所產生的影響力，值得被描述爲一種歷史事件，因爲，我們可以從這種影響力中部分探索出一般的自由主義的傾向，以及特殊的自由主義的傾向——即邊沁式和政治經濟形式的自由主義。這種形式的自由主義顯示在此時到一八三〇年的一部分年輕人身上，他們屬於較高階級，心智較爲活躍。那時名聲如日中天的「學生社團辯論社」，是一處擂台，凡是當時被認爲是政治和哲學方面的極端見解，每週都在那兒提了出來，面對對立的見解，面對包括有劍橋年輕人的精英聽眾。雖然很多日後多多少少很著名的人物（其中麥考萊〔Macaulay〕爵士是最傑出的），都在那些辯論中第一次獲得演講的榮譽，但是，在這些智力很高的論客中，眞正有影響力的一位卻是查爾斯·奧斯汀。他在離開大學後，以其談話和個人的優勢，繼續領導在大學時代與他交往的同一群年輕人，並且把我列入他所領導的這群人之中。經由他，我認識了麥考萊、海德（Hyde），以及查爾斯·維利爾（Charles Villiers）、史楚特（Strutt）（現在是貝爾培爵士）、隆米利（Romilly）（現在是隆米利爵士及羅爾斯家的教師），還有很多其他的人。他們以後都在文學或政治方面嶄露頭角，我也聽過他們討論很多問題——這些問題就某一個程度而言，都是我所不了解的。查爾斯·奧斯汀對我的影響力，不同於我到現在爲止提到的人對我的影響力，因爲他的影響力並不是一個男人對於一個小孩的影響力，而是一個年紀較大的當代人的影響力。由於他的緣故，我第一次覺得自己並不是教師指導下的學生，而是置身於男人之中的男人。他是我以平等的立場所遇見的第一個知識分子——只是在那個共同的立場上，我跟他差了一大截。凡是與他接觸的人，總是會對他留下深刻的印象——儘管他們的意見剛好跟他相反。他給人的印象是：精力無止境，又很有才賦，而他的才賦結合以明顯的意志力和品格，似乎能夠支配這個世界。凡是認識他的人，無論是否跟他友善，總是預期他會在公務生活中扮演一個顯著的角色。很少有人像他那樣藉著言詞發揮那麼強烈的即刻影響力，除非他們在某種程度上很努力去做，而查爾斯·奧斯汀努力的程度是很不尋常的。他喜歡打動別人，甚至使別人吃驚。他知道，果斷是產生效果的最重要因素，所以，他儘量果斷地說出自己的見解。一旦他表現出大膽無畏的精神，使得任何人都感到很驚愕，他就覺得最愉快不過了。他很不像他的哥哥，因爲他的哥哥反對別人以比較狹隘的觀點詮釋和應用他們兩人所宣示的原則。相反的，他本人則以最驚人的形式提出邊沁的學說，把其中容易冒犯別人的先入爲主感覺的一切，都加以誇張。他表現相當的活力和朝氣爲這一切辯護，以很有力量也很令人愉快的模樣成功地應付一切，所以，他經常以勝利者的姿態出現，至少是與人平分秋色。我相信，關於所謂的邊沁主義者或功利主義者的主張或見解、人們一般所具有的概念，大部分都源於查爾斯・奧斯汀所暗示的弔詭（paradox）。然而，我們必須說：有些年紀較輕的人改變了立場，模仿他，但都不如他。並且，有一件事一度成爲一小群年輕人的標誌，那就是，把邊沁主義的學說和箴言中，被認爲冒犯人的任何部分，都加以誇張。與此事有關的所有這些人（我是其中之一），很快就揚棄這種幼稚的虛榮心，而那些沒有揚棄這種虛榮心的人，也厭倦了與眾不同，放棄了他們有一段時間所宣示的異說——無論是好的部分或壞的部分。

一八二二年到一八二三年的冬天，我計畫成立一個小社團，由同意一些基本原則的年輕人構成——承認「功利」是道德和政治方面的標準，也承認我所接受的哲學之中一些引自「功利」觀念的主要推論。社團的團員每兩個星期見面一次，宣讀論文，討論問題，其方式符合大家所同意的前提。這件事本來幾乎不值得一提，除了一個事實值得一說：我爲所計畫的社團所訂的名字是：「功利主義社」。這是第一次有人採用「功利主義」這個名稱，並且這個詞語也從這個微不足道的來源進入了語言之中。這個詞語並不是我發明的，我是在加爾特（Galt）的一本小說中發現這個詞語的。這本小說的名字是《教區的年鑑》（Annals of the Parish），據說是一位蘇格蘭教士的自傳。書中描述這位教士警告他的教區居民不要遺棄「福音」而成爲功利主義者。我以男孩子喜歡某一個名字和標題的心情，攫取了這個詞語，有幾年的時間稱呼自己和別人爲功利主義者，當做一種學派的稱號，然後其他人也常使用這個詞語，因爲他們抱持著這個詞語所意指的見解。由於這種見解越來越引起注意，所以這個詞語就被陌生人和對手重複使用。大約在那些最初使用此語的人已經放棄這個詞語及其他宗派性的特點時，這個詞語卻爲一般人所使用。「功利主義社」最初社員不超過三人，其中一人是邊沁先生的書記，所以爲我們爭取邊沁先生的允准，在他家裡聚會。我想，社員不曾達到十個，結果這個社團在一八三八年解散了，存在的歷史大約三年半。這個社團對我的影響，除了「練習口頭討論」的益處之外，就是讓我有機會接觸當時不如我的幾個年輕人。由於這幾個年輕人抱持跟我相同的意見，所以有一段時間，我成爲他們的領袖，對他們的精神進展有相當影響。只要受過教育的年輕人跟我志同道合，見解與「功利主義社」的見解不牴觸，我都努力促使他們爲這個社團服務。還有一些人，要是他們沒有參加這個社團，我可能永遠不會認識他們。社員中有些成爲我親密的同伴，但沒有人成爲門徒（就這個詞語的任何意義而言），全都是以自身爲基礎獨立地思想。這樣的社員有以下幾人。第一位是威廉・伊頓・吐克（William Eyton Tooke）。他是一位傑出政治經濟學家的兒子，在道德和知性方面都表現得不尋常，但卻不幸英年早逝。第二位是他的朋友威廉・艾利斯（William Ellis），他是政治經濟學方面的獨創思想家，現在以使徒的精神致力於教育的改進，因此贏得了光榮的聲名。第三位是喬治・格拉姆（George Granam），以後曾當過「破產法院」的正式受託人，他在幾乎所有的抽象問題上，都是一個有獨創性又有能力的思想家。最後一位（他在一八二四年或一八二五年第一次到英格蘭研究法律），比上述幾位更惹起世人相當多的評論，他就是約翰・亞瑟・羅布克（John Arthur Roebuck）。

一八二三年五月，我以後三十五年生涯的工作和地位，由父親決定了——他為我在東印度公司找到一個職位，是在「印度通訊審查員」的辦公室中工作，直接隸屬於父親手下。我是以平常的方式被公司任用，從最低層的職員做起，至少最初都要憑資歷擢升。但是，這其中有一個默契，那就是，我從開始時就做起擬快報草稿的工作，如此接受訓練，以繼承那些當時占據較高職位的人。有一段時間，我草擬的稿當然需要經過直接上司大幅的修改，但是，我不久就熟悉這件工作了。由於父親的教導，以及自己的能力有了普遍性的成長，所以經過幾年的時間後，我就有資格成為（並且實際上也成為）主要的印度通訊員，在重要的部門之一——本國部門——從事這方面的工作。這種工作繼續成為我的正式職責，一直到我被任命為審查員，但是僅僅兩年後，東印度公司之為政治性機構就被撤銷，我只好退職。我不知道有其他可以在此時提供生計的工作，會比這個工作更適合以下這樣的人：在不獨立的環境中，想要利用二十四小時中的一部分時間私底下從事知性方面的工作。為報章雜誌寫文章，對於有資格在較高層次的文學或思想中表現成就的人而言，並不能算是一種永久之計，不僅是因為這種生計不確定（特別是如果寫文章的人有良知，只想維護自己的見解），並且也因爲那些能夠使人們得以生存的文章，本身都不能生存，也不是寫的人最擅長的。能夠塑造未來思想家的作品，要花很多時間才寫得出來，就算寫成，一般而言也太慢爲人所注意，太慢成名，無法依賴它作爲謀生之計。凡是必須藉著筆桿生活的人，必須依靠賣文的乏味工作，或者充其量依靠那些訴諸大眾的作品。如要做自己喜歡的工作，只能從謀生的必要工作中騰出時間來，而所騰出來的時間，一般而言都比坐辦公室所能騰出來的閒暇還少，而其對於心智的影響是更加使人衰弱又疲倦。就我自己來說，我一直都發現，辦公室的工作，實際上能夠紓解我所同時進行的其他心智工作。辦公室的工作有足夠的知性成分，不會成爲令人嫌惡的乏味工作，不會對於習慣抽象思考或辛苦地寫文學作品的人，構成精神的壓力。然而，我還是感覺到辦公室工作的缺點——每一種生活都有其缺點。我並不怎麼介意失去名利雙收的機會——有一些職業提供人們名利雙收的機會，特別是法律方面的工作，而我已經說過，父親曾想到要我從事法律方面的工作。然而，我對於被排除於議院和公務生活之外，並不是毫不在乎的。我很明顯地感覺到一種更直接的不愉快情緒——因爲蝸居於倫敦而產生的不愉快情緒。印度公司習慣上只允許一年不超過一個月的假期，而我熱烈地喜愛鄉村生活，並且我在旅居法國期間，培養了一種強烈的旅行嗜好。然而，我雖然無法自由地放縱於這種嗜好之中，卻並沒有完全犧牲這種嗜好。我一年中大部分的星期日都在鄉下度過，利用星期日在鄉村散步很長的時間，甚至住在倫敦的時候也是如此。有幾年的時間，一個月的假期都是在父親的鄉下房子中度過。此後，一部分或全部的時間都在旅遊中度過，主要是徒步旅行，跟自己所選擇的一個或更多同伴同行。在往後的一段時間中，我都是自己一個人或跟其他朋友從事較長途的旅行或遊覽。法國、比利時以及萊茵河地區的法國，都是我每年假期很容易到達的地方。另外有兩次離國較長的時間，一次是三個月，另一次是六個月（聽從醫生的忠告）——前往瑞士、提洛爾以及義大利。很幸運的是，這兩次旅行都是在較早的時候完成，為自己一生大部分的時間，留下有益又迷人的回憶。

我同意別人的推測，也就是說，我在公務上的職位，使我有機會藉著個人的觀察，而學習到實際從事公務的必要條件，並且，這種機會對我身為理論改革者——改革我那個時代的見解和制度——有很大的價值。這並不是說，那種在文書上進行以便在地球另一邊發生作用的公務，本身就是意在提供人們實際的生活知識。但是，這種公務卻使我能夠見聞每種事情的困難，以及排除困難的方法——謹慎地陳述和討論困難，以便完成工作。這種公務使我有機會看出何時公共措施和其他政治事實沒有產生預期的效果，也看出其中的原因。尤其是，這種公務對我而言很有價值，因為我在自己的這部分活動中，是一部機器中的一個輪子，所有的輪子必須一起作用。如果我是一位純理論的作家，那麼我就沒有人可以請教——只有請教自己，也不會在理論中遇到理論應用於實際時所產生的困難。但是，我身為處理政治性通訊的祕書，每次發出命令或表達意見時，都要使得各種與我很不相同的人相信、事情是應當去做的。因此，我能夠藉著實際的經驗，發現一種方式來表達自己的想法，使本來不習慣於接受這種想法的人，非常容易就接受它。同時，我也在實際上很了解：差使別人有其困難、妥協有其必要、犧牲非必要的事情成全必要的事情有其藝術。我學習到：當我無法獲得一切時，就儘量去獲得那些最好的。我學習到當我擁有最小的部分時，就要感到滿意，鼓起精神，不要因爲無法隨心所欲就生氣、垂頭喪氣。我學習到：甚至當我無法擁有最小的部分時，也要完全鎮定地忍受別人的壓制。我在生活之中發現：這些心得對於個人的幸福是最重要的，如果一個人——無論他是理論家或實際的人——想要能夠利用機會創造出最大的幸福，那麼，這些心得也是很必要的條件。

第四章　年輕時代的學術宣揚
——《西敏寺評論》

雖然辦公室的工作占去了我很多時間，但是，我並沒放鬆自己對於學問的專注，反而更加著力於學問的追求。大約在此時，我開始在報紙上寫文章。最先刊出來的文章是兩封信——一八二二年末出現在《旅行者晚報》上。《旅行者晚報》（後來由《地球報》買下、合併、擴大為《地球與旅行者報》）當時是知名政治經濟學家托倫斯上校（Colonel Torrens）所有。這份報紙由一位能幹的人物華爾特・科遜（Walter Coulson）主編（華爾特・科遜先生在當了邊沁先生的文書後，成為記者，然後成為編輯，接著又成為律師和不動產律師，去世時是內政部的顧問），已經成為自由政治最重要的機關報。托倫斯上校本人為自己的報紙寫了很多政治經濟學方面的文章，並且也在此時攻擊李嘉圖和我父親的某一種見解。在父親的教唆下，我嘗試寫了一封答辯的信。科遜出於對父親的尊重，以及對我的善意，就登載了這封信。托倫斯針對我的信提出答覆，而我又針對他的答覆寫了一封信。不久，我就嘗試寫出更加有野心的文章。當時理查・卡里雷（Richard Carlite）和他的妻子及妹妹，因為出版與基督教敵對的書刊而遭受迫害，引起相當的注目，尤其是在時常與我見面的人之間更是如此。政治方面的討論自由，尤其是宗教方面的討論自由，在當時絕不像現在一樣是被容許的，甚至在理論方面也是如此。如有人抱持令人不快的見解，他就必須經常準備為「表達的自由」論辯再論辯。我寫了一系列的五封信，署名威克力夫[1]，縱論「自

[1] Wickliffe，借用十四世紀偉大宗教改革者約翰・威克力夫（John Wycliffe）的名字。——譯註

由發表宗教方面各種見解」的問題，並且把這五封信寄到《晨間記事報》。其中有三封在一八二三年的一月和二月登出來；另外兩封的內容對於這份報紙而言過分直言無諱，一直不見刊登。但是，不久之後，我寫了一篇論文，討論同樣的問題，剛好趕上下議院的一次辯論，結果以社論的姿態被登出來。在整個這一年（一八二三年）之中，我有相當多的文章被登在《晨間記事報》和《旅行者晚報》：有時候是書評，更常是書信——評論下議院的某種荒謬言論、法律的某種缺點、治安官吏或法庭的錯失。在最後這方面，《晨間記事報》努力以赴，效果顯著。在培里（Perry）先生去世之後，報紙的編輯和經營落在約翰・布拉克（John Blake）先生身上。布拉克是報社的資深記者，涉獵和見聞都非常廣博，心地很誠實、單純。他是父親的特別朋友，吸收父親和邊沁的很多觀念，在自己的文章之中重新表達出這些觀念，以及其他有價值的思想，表現的手法流暢又巧妙。從這個時候起，《晨間記事報》不再像以前一樣僅僅是維新黨的機關報，並且在以後的十年中，相當程度地成為功利主義激進分子的輿論工具。這主要是靠布拉克自己寫文章，再加上方布蘭克（Fonblanque）的幫助；方布蘭克最初是因登在《晨間記事報》的文章和「益智遊戲」，而表現出作家的傑出特性。這份報紙最有助於改革法律的缺點，以及司法行政的缺點。到那時為止，除了邊沁和我父親之外，幾乎沒有人攻擊英國制度及其行政上這個最惡劣的部分。英國人有一種最普遍的迷信，那就是：英國的法律、英國的司法事務，以及英國無薪給的治安官吏，是優越的典範。我可以公正地說：在邊沁提供主要的材料之後，解除這種惡劣迷信的最大功勞人物，要數《晨間記事報》的編輯布拉克。他不斷攻擊這種迷信，暴露法律與法院（無論是有薪給或無薪給的部分）的荒謬和罪惡，一直到人們意識到這種荒謬和罪惡的存在。在很多的其他問題方面，他成為輿論的先鋒，大大超越以前在報紙上經常倡導的輿論。布拉克時常去拜訪我的父親；格羅特先生經常說：他從布拉克星期一早晨登出的文章中總是可以看出：布拉克星期日有沒有跟我父親在一起。父親的談話和個人影響力透過很多管道，使自己的見解影響世人，而布拉克就是其中最具影響力的管道之一。此外，父親的作品很有效力，使他僅靠著智力和品格就成為國家的一種力量，這是具私人身分的個人很少有的情況。這種力量在最不為人所見到和察覺到的地方，時常表現得最有效率。我已經注意到：李嘉圖、休姆和格羅特所做的事情之中，有很多都是父親的催促和說服所造成的部分結果。父親曾給予布羅罕（Brougham）有益的影響，幫助布羅罕完成他為大眾所做的大部分事情——無論是教育方面、法律改革方面，或其他的問題方面。父親的影響力也顯示在不勝枚舉的較不重要事情上。這種影響力此時就要因為《西敏寺評論》的創刊而更加擴張了。

父親並非《西敏寺評論》的創辦人，這和一般人可能的想法是相反的。早在很多年之前，父親和邊沁先生就在談論一個話題，那就是，他們需要有一個激進派的刊物，來抵制《愛丁堡評論》和《評論季刊》（這兩個刊物當時正處於名聲和影響力的最高峰）。他們有一種空中樓閣似的想法：讓父親當這個刊物的主編，但是這個想法一直沒有實現。然而，一八二三年，邊沁先生卻決定獨資創辦這個刊物。他提議要父親當主編，但父親因為此事與印度公司的職務扞格不入，所以就拒絕了。然後刊物委託給波林（Bonring）先生（現在是約翰・波林爵士），當時他是倫敦的一名商人。波林先生在前兩、三年常常去找邊沁先生。他受知於邊沁先生是因爲他具有很多優秀的特點，熱誠地讚賞邊沁，熱心地採納邊沁的很多（縱使不是全部）見解，加上他廣泛認識各國的自由分子，與他們廣泛地通信，使他有資格成爲一個有力的人物，將邊沁的名聲和學說傳播到世界各地。父親很少見到波林，但卻很了解他，自有強烈的見解，認爲波林屬於完全不同類型，不適合主持一個政治性和哲學性的刊物。父親預測此事凶多吉少，自己都非常難過。他認爲，不但邊沁先生會賠錢，而且激進派的原則也會蒙羞。然而，他卻不能遺棄邊沁先生，還同意爲第一期寫一篇文章。因爲在他們以前曾談到的計畫中，他們很屬意於一點，那就是，刊物的一部分篇幅應該用來評論其他刊物，所以父親的這篇文章就是針對從創刊起的《愛丁堡評論》進行一般性的評論。在寫這篇文章之前，父親要我讀完所有的《愛丁堡評論》，或者儘量讀完重要的部分（此事在一八二三年時不會像在現在那樣辛苦），並且選出我認爲他會想要檢視的文章——基於文章的優點或缺點——爲他做筆記。父親的這篇論文是《西敏寺評論》在創刊時引起轟動的主要原因，並且在構思和效果方面，也是他最動人的作品之一。他開始時分析一般性期刊的趨向，指出期刊不能像書籍一樣等待成功的來臨；它不是立刻成功，就是完全不成功，因此，它幾乎一定要把大眾已經抱持的見解，向所訴諸的讀者宣示與灌輸，而不是試圖去修正與改進他們的見解。然後，父親爲了描述《愛丁堡評論》身爲一種政治機關報的地位，就從激進派的觀點，以徹底的方式分析英國憲法。父親要大家注意英國憲法所具有的全然貴族的特性：其一，由幾百個家族提名大多數下院議員；其二，較獨立的部分——郡議員——是大地主；其三，爲了方便起見，這種狹隘的寡頭政治允許不同的階級共享權力；最後，則是他所謂的兩個支柱——「教會」與「法律的專業」。他指出：這種貴族式的結構體，自然會分成兩部分，其中一部分擁有行政部門，另一部分則努力要取代前者，努力要藉助於輿論而變成支配性的力量，不會在基本上犧牲貴族的支配性。他描述對立的貴族集團可能進行的方向，以及他們可能占有的政治領域——討好普遍的原則，以獲得普遍的支持。他指出，這種觀念在維新黨，以及在身爲維新黨主要文學機關報的《愛丁堡評論》的表現中實現了。他描述所謂的「蹺蹺板遊戲」，視之爲維新黨和《愛丁堡評論》的特性。凡是問題觸及統治階級的力量或利益，他都交替地寫及其兩面，有時在不同的文章中寫及，有時則在同一篇文章的不同部分寫及，並且引述相當多的例子，來證明自己的見解。以前不曾有人對維新黨進行過如此可怕的攻擊；在這個國家之中，也不曾有人爲了激進主義而表現出這樣一次重大的打擊行動。我相信，除了父親之外，沒有人能夠寫出那篇文章。

同時，這份籌備中的雜誌，跟另一份純文學的刊物形成了一種關係。這份純文學的刊物將要由亨利・騷任（Henry Southern）先生主編。騷任先生當時是專業文人，以後成爲外交家。兩位主編同意把人員結合在一起，把編輯權分開：波林負責政治的部分，騷任掌管文學的部門。騷任的雜誌將由朗文公司出版；朗文公司雖然是《愛丁堡評論》的部分財產所有人，卻願意出版《西敏寺評論》這份新雜誌。但是，當一切都安排好，內容說明書也寄出去時，朗文公司看到父親對《愛丁堡評論》的攻擊文章，於是頓萌退意。邊沁先生請求父親利用他對自己的出版商包德溫（Beldwin）的影響力，要包德溫出版《西敏寺評論》，結果成功了。於是一八二四年四月，在父親以及以後幫助維持雜誌的大部分人都不抱希望的情況下，創刊號出現了。

創刊號對我們中大部分人而言，都是一種驚喜。文章的水平比所期望的品質高出很多。文學和藝術的部分主要是依靠賓罕（Bingham）先生。賓罕先生是一位律師（之後是治安警官），有幾年的時間時常跟邊沁見面，是奧斯汀兄弟的朋友，並且熱心採行邊沁先生的哲學見解。部分由於巧合，創刊號中，賓罕的作品有五篇之多，我們對這五篇作品極爲滿意。我記得很清楚：當時我自己對於《西敏寺評論》是百感交集。一方面我很高興，因爲我發現了我們完全不曾預期的情況，那就是，這份雜誌足夠優秀，只要有人抱持這份雜誌所宣示的見解，這份雜誌就能夠成爲他們的榮譽機關報。另一方面，我也感到極爲焦慮——這份雜誌一般而言是那麼優秀，所以我對於我們所認爲的瑕疵就感到很焦慮。然而，除了對雜誌抱持一般而言有利的看法之外，我們又獲知創刊號銷路非常好，並且也發現，這份激進派雜誌——其抱負相等於明確的黨機關報——的出現，引起了相當的注意力。於是，我們再也不猶疑，全都熱烈地盡最大的努力，去強化和改進這份雜誌。

父親繼續寫應時的文章。《評論季刊》跟在《愛丁堡評論》之後受到批判。關於父親的其他文章，最重要的是一篇攻擊騷色（Southey）的《教會之書》的文章，是刊登在第五期，還有就是刊登在第十二期的一篇政治性文章。奧斯汀只投了一篇論文，但這篇論文相當優秀，是一篇反對長子繼承權的論辯——回應不久前由麥庫洛（McCulloch）所寫，登在《愛丁堡評論》的一篇文章。格羅特也只投過一篇文章，因爲他所能騰出的時間，都用來寫他的《希臘史》。他所寫的那篇文章涉及他自己的研究論題，徹底地揭發與批評米提福（Mitford）的缺失。賓罕和查爾斯・奧斯汀繼續爲雜誌寫了一段時間；方布蘭克從第三期起就經常投稿。至於我的特別夥伴中，艾利斯（Ellis）經常爲雜誌寫文章，一直寫到第九期。大約在他停筆的時候，一夥人中的其他人就開始寫了，包括伊頓・吐克、格拉姆以及羅布克。我自己是所有的人之中最經常寫的，從第二期寫到第十八期，一共寫了十三篇文章，文章的性質有對於歷史和政治經濟學的書評，也有對於特別政治課題的討論，如穀物法、狩獵法，以及誹謗法。父親的其他朋友，以及以後我的其他朋友，也偶爾寄來優秀的文章。波林先生所擁有的一些作家表現得很好。然而，整體來說，《西敏寺評論》的情況一直沒有使任何人感到滿意——我是指我所接觸且對於此雜誌的原則具有強烈興趣的人。幾乎每一期出版，都有幾件事使我們感到極端不悅——可能是在見解方面，可能在品味方面，或者只是因爲能力不足。父親、格羅特、奧斯汀兄弟以及其他人的不利意見，都由我們較年輕的人誇張地複述。我們年輕人有熱情，急著要抱怨雜誌的缺點，所以兩位主編的生活並不好過。根據我對當時的自己的了解，我相信我們時常表現得很正確，也時常表現得有錯誤。我確實知道一件事，那就是，如果《西敏寺評論》按照我們的觀念（我是說較年輕的人的觀念）繼續下去，那麼，它就不會比當時的情況更好，可能甚至不會跟當時的情況一樣好。但是，有一件事情，就邊沁主義歷史中的一個事實而言，是值得注意的，那就是，這份定期的機關報（雜誌是以這個姿態最爲人所知），從一開始就使一些人極端不滿意。這份雜誌本來是要特別代表這些人在各方面的意見，但卻使這些人極端不滿意。

然而，《西敏寺評論》卻同時在世人中激起了相當的評論，並且在見解和討論的廣場中，爲邊沁主義式的激進主義（其聲勢與支持者的數目完全不相稱）奠定了公認的地位，也使得人們一致認爲，當時大部分支持激進主義的人，都具有個人的優點和能力。眾所周知，當時是自由主義迅速抬頭的時候。與法國交戰而伴隨產生的恐懼和憎意已經消失，並且人們再度有心思關注國內的政治，於是改革的浪潮興起。由於古老的王室再度壓迫歐陸，由於英國政治顯然支持「神聖同盟」對於自由的陰謀，以及由於耗損金錢的長久戰爭，造成了國債和國稅的沉重負擔，所以政府和議院失去了民心。激進主義在布德特（Burdett）父女以及科貝特（Cobbett）兄弟的領導下，已經具備了一種特性及重要性，使得政府當局感到相當地驚慌。政府當局的驚慌，由於通過著名的「六法案」才暫時得以緩和，但卡洛琳王后（Queen Caroline）的受審，又激起更廣泛和深沉的憎意。雖然這種憎意的外在徵象，隨著其騷動性原因的消失而消失，但是，卻有一種以前未曾有過的情緒在各方面出現，那就是對各種惡習弊端的反抗。休姆（Hume）先生堅持審查公共支出，迫使下議院對於預算中的每一個有異議的項目，都提出分歧的意見，開始大大影響到輿論，並且強迫不情願的政府削減很多小規模的費用。政治經濟學已經在公共事務中發揮很大的影響力，原因是：「倫敦商人籲請自由貿易案」一九二〇年由吐克先生起草，由亞歷山大·巴林（Alexander Baring）提出，還有，李嘉圖先生在議院幾年的任內也有高貴的表現。「金塊爭論」造成了衝擊，父親和麥庫洛（他們在那幾年之中發表於《愛丁堡評論》的文章是最有價值的）提出了說明和評論；李嘉圖的作品乘勢追擊，引起一般人對這個問題的注意，使得內閣本身之中至少有部分的人改變想法。休斯基遜（Huskisson）在坎寧（Canning）的支持下，已經開始逐漸廢除他們的一位同事在一八四六年所完成的保護制度，只不過保護制度的最後遺跡要到一八六〇年才由格拉斯頓（Gladstone）先生掃除。當時身為內政部長的皮爾（Peel）先生，很小心地採行不曾有人嘗試過，且特別具有邊沁主義成分的方針——「法律改革」。在這個時期，自由主義似乎正要成為時代的趨勢，改革制度的呼聲從最高處響了出來，最低階層則大聲要求議院本質的完全改變。難怪一派新作家（似乎是新作家）經常在爭論中出現，就引起了人們的注意。這一派新作家宣稱是這種新趨勢的立法者和理論家。他們以強烈的信念從事寫作，而當時幾乎沒別人對明確的信條抱持同樣強烈的信心。他們大膽地攻擊現存兩個政治黨派的陣線。他們以不妥協的方式表示他們反對很多一般為人接受的見解，同時人們懷疑他們抱持著其他見解，也就是比他們所宣示的還異端的見解。至少我父親的文章表現出天賦和活力，並且他後面有一群人，足以繼續出版一份雜誌。最後，還有一個事實：這份雜誌有人買，有人讀。以上這一切都使得哲學和政治上的所謂邊沁學派，在大眾的心目中占據著相當崇高的地位——比起它以前所占據的地位，或者比起自從其他同樣重要的思想學派在英格蘭出現以來，它所再度占據的地位，更加崇高。我置身於這個學派的總部，知曉它的構成分子，並且也是學派的少數成員中最活躍者之一，可以不過分僭越地說：我是其中一個重要分子，所以，我比大部分其他人更應該來敘述這個學派。

這個所謂的學派，其存在只是基於一個事實，那就是，我父親的作品和談話，在他四周吸引來一些年輕人，而這些年輕人已經吸收了（或者從父親身上吸收了）或多或少他的明確政治和哲學見解。大家以爲邊沁四周有一群弟子，藉著他的口授接受他的見解，其實這是一種虛構；父親曾在他所寫的《馬金托斯斷想》一書中公正地評判這種虛構。對於所有了解邊沁先生的生活習慣和談話方式的人而言，這種虛構是很荒謬的。邊沁是藉著自己的作品而產生影響力。他藉著自己的作品，已經對於人類的狀態造成影響，並且現在也正在造成影響，無疑比我父親的任何影響更深更遠。他在歷史上的名氣比我父親大多了。但是我父親發揮了更大的個人優勢。別人在我父親身上所尋求的是談話的氣勢和教益，而我父親也相當地利用了自己的談話，作爲散播自己的見解的一種工具。我不曾看過有人像他那樣：能夠以口語的討論充分處理自己最佳的思想。他能夠完全支配自己重要的精神資源，他的語言簡潔又意味深長，他的說話方式表現出道德的眞誠以及知性的力量。這一切使得他成爲最動人的辯論家之一。他知道很多軼事，笑聲開朗；如果與自己喜歡的人在一起，他就是一位最生動又有趣的同伴。他的力量並不僅僅（或主要）在於散播自己那些純屬知性的信念。他的力量更加經由一種特性所具有的影響力而表現出來，而我是在之後才學會欣賞這種極為珍奇的特性，那就是，一種高尚的公益精神，以及最為看重整體益處的精神，刺激他所接觸的人，使得在他們心中萌芽的每種類似的美德欣欣向榮。他們想要獲得他的讚許，也因為他的不贊同而感到羞慚。他的談話以及他的存在，為那些目標相同的人提供道德的支持。他鼓勵其中那些脆弱和失望的人，因為他對於理性的力量、普遍性的進步，以及個人藉著明智的努力所能做的善事，經常都抱持堅定信心（雖然並沒有對於任何特殊情況的結果抱持信心）。

父親的見解為當時的邊沁思想或功利主義思想的傳播提供明顯的特性。他的見解朝很多方向散布，但卻主要透過三個管道持續地傳達出來。第一個管道是我；我的心智是唯一經由他的教導所塑造成的，並且透過我的心智，不同的年輕人也受到了相當的影響，而這些年輕人以後又成為傳播他的見解的人。第二個管道是查爾斯・奧斯汀的一些劍橋當代人；這些劍橋的當代人或者受到父親的啓蒙，或者受到父親的一般精神力量的衝擊，採行了很多與父親的見解結合在一起的見解，並且其中有相當多的人以後還主動去認識父親，經常到他的房子走動。在這些人之中，我可以提到史楚特（Strutt），也就是以後的貝爾培爵士，還有隆米利（Romilly）爵士——我的父親和隆米利爵士傑出的父親桑繆爾（Samuel）爵士是老朋友。第三個管道是較年輕一代的劍橋大學生；他們不是跟奧斯汀同代，而是與伊頓・吐克同代，但因為與奧斯汀的見解相近，所以被這個可敬的人物所吸引，並且由他介紹給我父親。這些人之中最出名的是查爾斯・布勒（Charles Buller）。還有其他很多人，個別接受、傳播父親相當大的影響力，例如：布拉克（Black）（以前提過）以及方布蘭克（Fonblanque）。但是，我們認爲其中大部分的人都只是部分的同志而已；例如：方布蘭克，他在很多重要的問題上經常與我們意見相左。當然，我們之中並沒有意見完全一致的時候，也沒有人絕對採行父親所有的見解。例如：雖然父親的〈論政府〉一文，可能被我們所有的人認爲是代表政治智慧的傑作，但是，我們並不贊成文中的一段，原因是他在其中這樣主張：賢明的政府可以經常排除女人的參政權，因爲女人的利益和男人的利益是一樣的。我自己以及我所選擇的夥伴們都斷然反對這個說法。當然，父親否認自己有意主張「應該」排除女人，就像他並無意主張「應該」排除四十歲以下的男人——他在接下去的一段，提出對於四十歲以下的男人的完全類似論點。他確實說過：他並不是在討論參政權是否最好加以限制，而是在討論另一種情況，那就是，假定參政權要加以限制，那麼限制的最高限度是什麼？這並不一定意味著犧牲賢明的政府。但是，我當時認爲（以後也一直認爲）：他所承認的見解，以及他所否認的見解，都跟〈論政府〉（On Government）一文所反對的任何見解一樣大錯特錯。我認爲，女人的利益被包括在男人的利益中，完全就像臣民的利益被包括在君王的利益中一樣。我也認爲，如果任何人都有理由獲得參政權，那麼女人就不應被排除在參政權之外。這也是已經改變了看法的較年輕一代，所抱持的一般見解，並且我也很高興能夠這樣說：邊沁先生在重要的問題上，完全站在我們這一邊。

雖然也許我們之中沒有人在每一方面都同意父親的見解，但是，我已經說過，父親的見解卻是一種主要因素，為一小群年輕人提供了見解的特色和特性，而這小群年輕人就是最先傳播以後所謂「哲學的激進主義」的人。他們的思想模式，就任何意義而言，都不是與邊沁有關（不是以他為首領或指導者）的邊沁主義，而是邊沁的觀點，加上現代政治經濟學的觀點，再加上哈特雷（Hartley）的形上學。馬爾薩斯（Malthus）的人口論，就像所有特別屬於邊沁的見解一樣，是我們之中的一種標幟，一種結合點。人口論這個偉大的學說，最初提出來是用來反對「人類情況的改良是不確定的」的說法，我們當時則是很熱心地接受這個學說的反面意義，指出改良人類情況的唯一方法是：有意地限制整個勞工人口的增加，使得他們都得到高工資的工作。我們與我的父親所共同具有的信條，還有其他主要的特性，可以敘述如下：

在政治上，我們幾乎永遠相信兩件事情的功效：代議政府，以及完全的討論自由。父親完全依賴理性對於人心的影響力（只要讓理性的影響力去接觸人心），所以，他認為好像一切都可以獲致——只要所有的人都能夠閱讀，只要各種意見都被准許以言語和寫作的方式傳達給所有的人，只要所有的人都能夠藉著參政權的方式指定一個議會，來實現他們所採行的見解。他認為，當議會不再代表一種階級利益，它就會以一般的利益為目標，以誠正的方式和充分的智慧針對此目標，因為人民會充分接受智能的指引，一般而言會明智地選擇別人來代表他們，然後由他們所選擇的人自由處理。因此，他認為，貴族式的統治——任何形式的少數人統治——是人類無法以最優秀的智慧處理自己事務的唯一阻礙，是他最嚴厲地非難的對象，而民主的參政則是他的政治信條的主要條款——不是基於自由、「人權」，也不是基於當時通常用以支持民主政治的有意義言詞，而是作為「保證賢明的政府」的最基本要件。在這一點上，他也僅僅堅持自己所認為的基本要件；他相當不關心君權或共和政體——比邊沁更不開心，邊沁認為國王具有「最大的敗德人物」的特性，必然是很有害的。僅次於貴族政治，國教的教會或教士的團體，是父親最嫌惡的對象，因為國教的教會或教上的團體，就地位而言，會大大敗壞宗教，並且他們也汲汲於抗拒人類心智的進展。不過，他個人並不厭惡那些不應該被厭惡的教士，並且還和幾位教士保持眞誠的友誼關係。在道德上，他的道德感表現在他認為對人類福祉很重要的各方面，都顯得強有力而又嚴厲，同時，只要他認為某些有關一般道德的學說只是以禁慾和教士政略為基礎，他就對它們表現得極為漠不關心，不熱衷於表示意見（只是他的漠不關心並不顯示在個人的行為中）。例如：他期望兩性關係的自由能夠相當地增加——雖然他並沒有明確地界定這種自由的狀態確實是怎麼樣的狀態，應該是怎麼樣的狀態。這種見解無關乎某種理論上的肉慾，也無關乎某種實際上的肉慾。相反的，他是這樣預期：兩性關係的自由增加之後，一種有益的效果就會出現，那就是：想像力不再盤據生理的關係及其附屬部分，不再使之增強而成為生活的主要目標之一，因為如果是如此，那就是想像力和感覺的一種變態，他認為這種變態是人心之中最根深蒂固和最普遍的弊病之一。在心理學方面，他的基本學說是：人類的性格都是藉著普遍的

「觀念聯想原則」由環境塑造而成，因此，藉著教育改進人類的道德和智力狀態，其可能性是無止境的。在他所有的學說之中，沒有一種學說比這個學說更重要，或者更需要人們的堅持；不幸的是，沒有一種學說比他的這種學說更違反普遍的思想趨勢——無論是在他的時代裡，或者在他的時代以後。

包括我在內的一小群年輕人，曾表現出年輕人的狂熱，抱持著父親的這些各樣的見解，並且我們還在其中灌注進一種宗派的精神，但是我父親至少在意向上完全沒有這種宗派精神。別人以一種荒謬的誇張口氣，稱呼我們（或者毋寧說是取代我們的一種幽靈）為一種「學派」，而我們之中有一些人有一段時間還眞的希望、渴望成為一種「學派」。十八世紀的法國哲學是我們努力想模仿的例子，並且我們也希望獲致同樣的成果。我們這群人之中，沒有人像我那樣表現出很過分的男孩野心。我本來可以舉出很多細節，來說明我的這種過分的男孩野心，但是這只是會浪費篇幅和時間，只好免了。

然而，嚴格說來，這一切只是我們外在的生活，或者至少只是知性的部分，只是知性部分的一面。為了深入內心，顯示出我們身為人類是什麼面目，我就必須只談到我自己，而事實上，我也只能詳細地談到我自己。我相信，如果我的描述沒有加以相當的改變，就不會讓我的任何同伴感到滿意。

人們時常描述邊沁主義者，說他們只是一個推理的機器；我認為，這種描述雖然非常不適合大多數的所謂「邊沁主義者」，但是在我一生的兩、三年期間應用在我身上，卻不見得完全不眞實。也許，這種描述適合我，就像它適合剛踏進生命里程的任何人——對他們而言，一般的慾望目標可以說是至少具有很新奇的吸引力。凡是跟我當時同樣年紀的年輕人，都會像我當時的樣子，這是一個尋常的事實。我當時滿懷高貴的野心和慾望。我最強烈的意向是：熱心去做出自認爲對人類有益的事情，而這種意向與所有其他的意向結合在一起，扭曲了其他的意向。但是，在我生命的那個時期，我的熱心還只是對於純理論的見解所表現的熱心。這種熱心的根源不在於眞正的慈善，也不在於對人類的同情——雖然這些特性在我的道德標準中占有適當的地位。我的熱心也不是對於理想的高貴情操懷有高度的熱情。然而，我在想像中很可能有這種感覺。不過，在那個時候，對這種感覺的自然滋養——詩的薰陶——有一段時間是暫停的，同時又有太多對立於這種感覺的抑制因素存在——也就是純然的邏輯和分析。再有就是（已經提過）父親的教導傾向於看輕感覺。這並不是說，他自己心腸冷酷或痲木不仁。我想，這毋寧是起因於相反的特性。父親認爲，感覺可以「照顧自己」；如果我們適當地顧慮行動的話，就一定會有足夠的感覺。父親對於一種情況感到很不悅，那就是，人們在道德和哲學的爭論中，經常把感覺當做行爲的最終理由和辯護，而不是在必要時以感覺作爲辯護的理由，同時，在實際情況中，有些行動雖然會對人類的幸福產生有害的影響，但卻時常以「爲感覺所需要」作爲理由而加以辯護，而當一個善於感覺的人的品格值得讚賞，他就認爲那只是歸因於行動。因此，父親確實很不喜歡讚美感覺，也很不喜歡提到感覺——除非在評估別人或討論事物時，偶爾微微提到。除了他的這種特性影響了我以及其他人之外，我們也發現，我們認爲最重要的意見，都因爲缺乏感覺而經常受到別人的攻擊。功利被斥之爲無情的計算；政治經濟學被斥之爲冷硬心腸；反人口論被斥之爲排斥人類的自然感情。我們以「濫情」一詞反駁，而「激情」一詞加上「激辯」和「曖昧的通則」，成爲我們常用的非難字眼。雖然我們一般而言是正確的，而與我們對立的人是錯誤的，但情況卻演變成感覺的培養（除非是對於公務和私人責任感的培養），在我們之中並不受到重視，並且在我們大部分人的思想中，幾乎沒有什麼地位，尤其是我更是如此。我們主要的心思是改變人們的見解，讓他們根據證據去相信事情，讓他們知道自己眞正的利益是什麼。一旦他們知道了自己眞正的利益，我們認爲，他們就會藉著意見爲工具，彼此相互敦促，去看重自己眞正的利益。雖然我們充分體認到，不自私的慈善和對於正義的喜愛有其優越的長處，但是，我們並不期望人類的改造是藉由直接訴諸這些情操，而是藉由「薰陶智力」、「化解自私的感覺」所產生的效果。雖然最後這一者非常重要，因爲那些受到較高貴的行動原則所驅使的人，能夠使用它作爲一種改善人類的方法，但是，我卻認爲：從當時的邊沁主義或功利主義中活下來的人之中，現在不會有人主要是依賴它作爲匡正人類行爲的一般準則。

由於在理論上和實際上疏忽感覺的培養，所以自然而然就有一些情況發生，其中之一就是輕視詩，以及輕視「想像力」之爲人性的一種因素。邊沁主義者現在（或過去）所抱持的一部分普遍想法是：他們是詩的敵人。這一點就邊沁自己而言是部分眞實的；他經常說：

「所有的詩都是誤傳。」但是，就他說這句話的意義而言，所有感人的言詞，所有在性質上比算術中的數目更具修辭性的描述或教誨，都可能是誤傳了。賓罕在第一期的《西敏寺評論》中寫了一篇文章；他在說明自己不喜歡摩爾（Moore）的某一點時寫道：「摩爾先生『是』一個詩人，因此『不』是一個推理的人。」這一篇文章相當促使這份雜誌的寫稿人養成憎惡詩的觀念。但是，事實上，我們中很多人都是讀詩的能手；賓罕自己曾寫過詩。至於我（以及可能我的父親），正確的說法應該是：我在理論上對詩不關心，而不是我不喜歡詩。凡是我在散文中所不喜歡的傷感，我在詩中都不喜歡，而傷感包含了很多方面。我全然昧於詩在人類文化中的地位，不了解即詩是培育感情的一種方法。但是，我個人卻經常很容易感受到某些種類的詩。在我的邊沁主義最具宗派色彩時期，我湊巧讀到頗普（Pope）的〈論人〉（On Man）這首長詩。雖然詩中的每個見解，都與我自己的見解相反，但我卻記得很清楚：這首長詩對我的想像力產生相當有力的衝擊。也許，在那個時候，比雄辯詩更高尚的任何詩作，都不可能對我造成類似頗普這首詩的影響；只不過我很少嘗試去讀這種詩作。然而，這只是短暫的情況。在我還沒有相當程度地擴展知性信條的基礎之前，我早就在精神進展的自然過程之中，獲得了最有價值的詩教養，因爲我對於英勇人物的生活和品格，曾表達敬仰讚賞之意，尤其對於哲學英雄人物更是如此。很多有貢獻於人類的人物，當初閱讀了普魯塔克（Plutarch）的《希臘羅馬英雄傳》（Parallel Lives of Greeks and Romans），受到了激勵，於是將他們的這種經驗寫下來；同樣的，我閱讀柏拉圖對於蘇格拉底的描述，以及一些現代傳記，尤其是康多色（Condorcet）的《涂爾果傳》（Life of Turgot），也受到了激勵。康多色的這本傳記意在激起人們最高尚的熱誠，因爲此書的主角是最明智和高貴的人物之一，由最明智和高貴的人物之一加以描述。這些人光榮地代表我所同情的見解，他們的英勇美德深深影響我，並且我也不斷訴諸他們，就像其他人不斷訴諸一個心儀的詩人——如果他需要被提升進較高貴的感覺和思想領域中。我現在可以順便提出一點，那就是，讀了這本書之後，我不再具有宗派的愚想。此書的前兩、三頁開始時這樣寫著：「他認爲所有的宗派都是有傷害性的」，並且說明爲什麼涂爾果總是完全異於百科全書派；這一切使我留下深刻的印象。我不再稱呼自己和別人是功利主義者，並且我也不再以「我們」的名義或任何集體稱呼去公開宣布宗派主義。我真正的內在宗派精神是一直到以後才解除，並且是逐漸解除。

大約在一八二四年結束或一八二五年開始，邊沁先生因爲新近從杜蒙特（Dumont）先生那兒取回「論證據」（On Evidence）的論文（杜蒙特先生根據邊沁先生的論文所寫的《審判證據的特性》（Traité des Preuves Judiciaires），當時第一次完成、出版），決定以原貌付梓，並且想到我能夠爲他準備印刷事宜，就像他的《謬誤集成》（Fallacies）剛由賓罕加以編輯的樣子。我很高興接下這項工作，而這項工作大約有一年的時間，幾乎占據了我所有閒暇的時間，還不包括以後用來注意五大冊書付印的時間。邊沁先生有三次的時間開始寫這部論著，每次間隔相當長的時間，方式各異，每次都沒有參考前面的那一次。三次中有兩次，他幾乎重新探討整個論題。我的工作就是把三次的大堆手稿濃縮成一本單一的著作，採用最後一次所寫的手稿作爲基礎，再加上儘量多的另外兩次手稿。我也必須解決邊沁的困難句子和插入句子：他的句子很是複雜，是讀者花費苦心也無法了解的。邊沁先生更特別希望我能夠設法補充他所留下的任何空白。在他的要求下，我爲了做到這一點，就閱讀了有關英國證據法律的一些最權威論著，評論了英國法令的一些有異議的論點，是邊沁先生所沒有注意到的。有人評論杜蒙特的那部作品，對邊沁的一些學說提出異議，於是我提出答辯，並且爲這個論題較抽象的一些部分加上一些補充，例如：「未必然與不可能」的理論。我以一種過分僭越的語氣，寫出編補的材料中的爭論性部分。這種語氣並不適合像我這樣年輕又無經驗的人，但是，我並沒有想到要以自己的身分出現於書中。我是邊沁的匿名編輯，我吻合原作者的語氣，並不認爲這種語氣不適合他本人或作品的主旨——儘管對我而言可能不適合。我身爲編輯的名字，是在書印成之後加在上面的，這是邊沁先生的明確意願；我勸他打消這種意願，但是他並不同意。

我相當地活用這件編輯工作所花的時間。《審判證據的原理》（Rationale of Judicial Evidence）是邊沁的作品中材料最豐富的著作之一。證據的理論是邊沁所研究的問題中最重要者之一，並且涉及大部分的其他問題，所以，本書包含了他的思想精華的很大部分，其中論相當充分。同時，本書也有比較特別的地方，其中之一是：以最精巧的方式揭露了當時英國法律的弊病和缺點——在他的所有作品之中都可以發現這種特點。此書所涉及的法律不限於證據法律，它也以舉例證明的方式包括了西敏廳的所有訴訟程序和實務。因此，我編輯本書的受益非同小可；我從其中獲得了直接的知識，並且這種知識比僅僅閱讀更徹底地印在我的腦海中。但是這件工作也使我獲得了一件比較意外的成果，那就是，我的作文能力有了相當的進步。自從編輯這部作品之後，我所寫出來的文章都顯然優於以前所寫的一切。世人皆知，邊沁後期的文體很累人，因爲他過分雕琢，注重準確，在每個句子的中心引進子句中的子句，讓讀者能夠在心中接受主要的陳述，也能夠同時接受修飾語和限定語。這種習慣日益根深柢固，到後來，他的句子對於那些不習慣的人而言，就變成了最辛苦的閱讀了。但是，他較早期的文體，如《政府斷想》（The Fragment on Government）、《司法機關的計畫》（Plan of a Judical Establishment）等書的文體，卻是一種典範：生動、自然，結合以材料的豐富，幾乎無與倫比。關於這種較早期的文體，在這部論「證據」的手稿中，有很多傑出的實例，我都盡力加以保存。長期編輯這部令人讚賞的作品，對我自己的作品有相當的影響。我又勤讀其他作家的作品，包括法國和英國的作家，他們都在相當的程度上將「自然」結合以「力量」，例如：哥德史密斯（Goldsmith）、菲爾亭（Fielding）、巴斯噶（Pascal）、伏爾泰（Voltaire），以及柯利爾（Courier）。由於受到這些作家的影響，我的作品不再有早期文章的貧弱缺點；文章的骨架開始成長血肉，然後，文體時常變得生動又幾乎很輕快。

這種改進首先出現在一種新的領域中。黎茲地方的馬歇爾（Marshall）先生，是現在這一代的馬歇爾家人的父執輩；格蘭龐（Grampound）喪失約克郡的議院代表身分後，轉移到了馬歇爾先生身上。他是一位熱心議院改革的人物，也是一個很富有的人，出手很大方。邊沁的《謬誤集成》深深打動他。他想到一個主意：如果每年出版《議院辯論》，那會是很有用的舉措——不是以韓沙德（Hansard）的編年順序出版，而是根據主題分類，再加上評論，指出辯論者的謬誤。既然有這個心意，他很自然就主動去找《謬誤集成》一書的編輯，於是賓罕在查爾斯・奧斯汀的幫助下，接受了編輯的工作。這份年刊的名稱是《議院歷史與評論》（Parliamentry History and Review），其銷售量不足以維持其存在，只持續了三年。然而，年刊卻激起了議院和政治人物的注意。工作人員的大部分心力都投進年刊之中，而其成效使得他們顯得很有光采——比《西敏寺評論》的成效更有光采。賓罕和查爾斯・奧斯汀寫了其中的很多部分，史楚特、隆米利，以及其他幾位自由派的律師也寫了很多部分。父親以最佳的文體寫了一篇文章；奧斯汀（哥哥）也寫了一篇。科遜（Coulson）則寫了一篇很優秀的作品。我註定要首先爲第一期的年刊寫一篇論文，論及議會（一八二五年）的主題，即天主教協會以及天主教的無能。在第二期中，我寫了一篇精巧的論文，論一八二五年的商業危機，以及「貨幣辯論」。在第三期中，我有兩篇文章，一篇是討論一個較不重要的問題，另一篇則論及商業中的「相互」原則，涉及坎寧（Canning）和加拉丁（Gallatin）之間一則有名的外交通訊。這些作品不再僅僅是我所學到的學說的再生和應用。這些作品是獨創性的思想——如果這個名稱可以用來指那些以新形式和關係呈現的舊觀念。我也能夠很正確地說：這些作品很成熟，相當融會貫通，這是我以前的作品所沒有的特性。因此，這些作品的表現完全不是青少年式的；但其主題有的已經過時，有的以後由別人處理得更好，所以現在已經完全被淘汰，應該跟我投給第一代的《西敏寺評論》的作品一樣埋藏起來。

雖然我忙於爲大眾寫作，但是，我並沒有忽視其他的自修方式。我是在這個時候開始學習德文，以哈米爾頓（Hamilton）方式②開始，並且爲了這個目的，由我以及幾個同伴組成一班。從這個時期起，有幾年的時間，我們的社交課業的形態，很有助於我自己的精神進展。我們想到了一個主意，那就是，藉著閱讀和交談的方式一起研讀我們想精通的幾門學科。我們十二個人或更多的人聚集在一起。格羅特先生爲了這個目的，出借他位於「針線街」的房子的一個房間，而他的夥伴普雷斯科（Prescott）——「功利主義社」三位原始成員之一——也成爲我們中的一分子。我們每星期見面兩個早晨，從八點半到十點，然後，我們中大部分人都離開去做日常的工作。我們研讀的第一個科目是政治經濟學，選擇某一本有系統的論著作爲我們的教科書，而父親的《政治經濟學要義》是我們所選的第一本書。我們其中一人大聲讀書中的一章，或較小的部分。然後，我們開始討論，如果有異議或其他意

② 最初時採用字對字的翻譯，不講文法。——譯註

見，就提了出來。我們的規則是：徹底討論所提出來的每一點——無論大小，必要時還延長討論，一直到參加的人都滿意各自所獲得的結論。還有就是：對於一章或一次交談所引起的每種並行思考的論題，追究到底，不能棄而不顧，除非我們解開了我們所遇到的每個結。我們不斷討論某一點，達幾星期之久，在我們沒有見面的空檔中，專心想這一點，並且努力去解決在上一次早晨的討論中所出現的新困難。我們以這種方式讀完父親的《政治經濟學要義》後，又以同樣的方式讀完李嘉圖的《政治經濟學原理》（Principles of Political Economy），以及貝雷（Baily）的《價值論》（Dissertation on Value）。這種緊密而有活力的討論，不僅使參與的人獲得相當程度的進展，並且也爲抽象的政治經濟學的一些論題引出新觀點。我以後所出版的有關「國際性價值」（International Values）方面的理論，就是源自這些交談，而李嘉圖有關「利潤」方面的理論的修正形式——我在「論利潤與利益」（Essay on Profits and Interest）的文章之中採行——也是源自這些交談。我們之中創始新思想的人，主要有艾里斯、格拉姆以及我，不過其他人也相當有助於討論，特別是普雷斯科和羅布克（Roebuck），前者以他的知識有助於討論，後者則以他的辯證的敏銳有助於討論。「國際性價值」和「利潤」的理論，由我自己和格拉姆花費大約同等的心力研究出來。如果我們的原始計畫當初實現的話，那麼，我的《論政治經濟學一些未解決的問題》（Essays on Some Unsettled Questions of Political Economy），就會和格拉姆的一些其他論文一起出版，由我們兩人共同署名。但是，當我開始寫這本著作時，我卻發現自己太高估自己與格拉姆之間的意見一致，而他又很不同意最原始的兩篇論「國際性價值」的文章，所以我只好認爲這個理論完全是我自己的，並且在很多年之後出版論著時，情況也是如此。我可以提到一點，那就是，父親對自己所著的《政治經濟學要義》的第三版做了一些修正，而其中有幾點修正，所根據的是我們的這些交談所引出的批評，特別是，他修改了他對於我已經談到的兩點的見解（雖然沒有到達符合我們的新思想的程度）。

我們了解了足夠的政治經濟學後，就以同樣的方式研讀推論式邏輯，此時格羅特也成爲我們中的一員。我們的第一本教科書是亞最奇（Aldrich）所著的。但因爲我們厭惡此書的膚淺，所以就重印了耶穌會會員杜·崔伍（Du Trieu）所著的《邏輯引介》（Manuductio ad Logicam）；此書是很多學院邏輯手冊中最完善的一本，爲喜歡蒐集這類書的父親所擁有。在讀完這本書後，我們就採用華特雷（Whately）的《邏輯》（Logic）——那時是第一次從《大都會百科全書》中重印出版。最後我們是研讀霍布斯（Hobbes）的《計算或邏輯》（Computatio sive Logica）。我們以自己的方式研讀這些書，而這些書也爲原始的形上思考提供了寬闊的領域。我在自己所著的《邏輯體系》（System of Logic）第一冊中的大部分工作是說明和改正學院邏輯的原理與特性，以及改進「命題涵義」的理論，這一切都是起源於這些討論。格拉姆和我創始了大部分的新奇思想，而格羅特和其他人則提供了優越的批判或考驗。從此時起，我擬定計畫，要寫一本論邏輯的書，只是其規模比最後所完成的作品小很多。

結束了邏輯之後，我們開始研讀分析心理學，選擇哈特雷（Hartley）的著作當我們的教科書。由於我們搜遍倫敦，讓每個人都有這本教科書，所以使得普利斯雷（Priestley）的版本價錢提升到過高的程度。我們唸完哈特雷的作品後，就不再一星期見面兩次。但是因爲父親的《心的分析》不久就出版了，所以，我們就又聚會閱讀這本書。隨著這次的聚會，我們的課程結束了。我總是把自己「眞正開始成爲獨創和獨立思想家」一事，追溯到這些聚會的交談。我也是經由這些聚會的交談而養成（或相當地增強）一種心智上的習慣，同時我把自己在思考上已經表現的一切，或者將要表現的一切，都歸功於這種心智上的習慣，那就是：不把解決一半的困難認爲是完全解決；不放棄難題，是不斷回到難題上，一直到難題解決；每一個問題的曖昧角落都加以探討，不因爲其不顯得重要而不探討；不認爲自己完全了解一個問題的任何部分，除非我了解全部。

從一八二五年到一八三〇年，我們在公開演講方面的表現，在這幾年之中占據了我的生活中的相當地位。因爲這些表現的發展有重要的影響，所以應該在這兒談一些。

有一個歐文（Owen）主義的社團存在了一段時間。這個社團的名稱是「合作學會」，會員每星期在「大法官廳巷」見面，進行公開的討論。在一八二五年初，由於某種機緣，羅布克跟其中的幾個會員有了接觸，參加了兩、三次聚會，並且參與反對歐溫主義的辯論。我們之中有一個人首先想到要集體到那兒，進行一次「大戰」。查爾斯・奧斯汀和他的一些朋友，雖然通常並不與我們一起研讀課程，但卻參與了這個計畫。由於與「合作學會」的主要會員協調一致，所以計畫實現了。這些會員本身很願意這樣做，因爲他們當然喜歡與對手論辯，而不喜歡在自身之中進行溫和的討論。人口問題被提出來作爲辯論的題目。查爾斯・奧斯汀發表一次傑出的演講，領導我們這一邊進行辯論；論戰一直延長，進行了五、六個星期，辯論會場擠滿聽眾，包括「合作學會」的會員以及他們的朋友，還有倫敦四法學會的很多旁聽者和一些演講家。這場辯論結束時，另一場又開始，論題是歐溫體系的一般優點，辯論的時間長達大約三個月。這是歐溫主義者和政治經濟學家之間的「肉搏戰」。歐溫主義者認爲，政治經濟學家是他們最頑強的對手，但這卻是一場完全友善的辯論。我們這些代表政治經濟學的人，跟他們的目標一樣，努力要顯示這一點。他們那一邊的主要擁護者是一個很值得尊敬的人物，我跟他很熟，那就是柯克郡的威廉・湯普遜（William Thompson）先生。他寫了一本《論財產分配》（Distribution of Wealth）的書，並且也寫了一份「呼籲」，代表女性反對我父親在〈論政府〉一文中涉及女性的那一個段落。艾理斯、羅布克和我在辯論中表現得很活躍，而在那些來參與辯論的倫敦四法學會的人之中，我記得有查爾斯・維利爾（Charles Villiers）。在人口問題上，對方也獲得外界很有力的支持。著名的蓋爾・瓊斯（Gale Jones）——當時年紀很大——發表了一次華麗的演講。但最使我感動的演講家——雖然他所說的每句話我部不同意——卻是歷史家色渥爾（Thirlwall）。他以後當了聖大衛教堂的主教，但是當時他是大法官廳的律師，在奧斯汀和麥考萊的時代之前，於劍橋俱樂部因爲口才流利而享有相當的名譽，除此之外並不爲人所知。他的演講是回應我的一次演講。他還沒有說出十句話，我就認爲他是我所曾聽到的最佳演講家，並且以後也沒有聽到有人足以超越過他。

由於這些辯論具有重大的利害關係，所以一些參與辯論的人就接納了政治經濟學家麥庫洛（McCulloch）所提出的暗示，那就是，倫敦需要有一個類似於愛丁堡的「純理論學會」，而布洛罕（Brougham）、荷內（Horner）以及其他人首先在這個社團中獎掖公開演講的藝術。我們在「合作學會」的經驗，似乎使我們有理由相信，我們在倫敦可能聚集什麼樣的人，來成立這樣一個社團。麥庫洛當時私底下對幾個有影響力的年輕人講授政治經濟學。他對這幾個年輕人提到此事，其中有幾位熱心地參與了這個計畫，尤其是喬治・維利爾（George Villiers），也就是以後的克拉雷頓伯爵（Earl of Clarenclon）。他和弟弟海德與查爾斯，還有陸米利、查爾斯・奧斯汀以及我，再加上一些人，聚集在一起，同意了一項計畫：我們決定兩星期見面一次，從十一月到六月，地點是「共濟會酒店」。不久，我們就有了相當多的傑出會員，除了幾位議院議員之外，還有劍橋俱樂部和牛津聯合辯論社的幾乎所有最傑出的演講家。有一件事很奇妙地證明時當時的趨勢，那就是，我們很難爲社團招募到足夠的保守派演講家。我們能夠說服參與社團的人，幾乎全是不同層面和程度的自由分子。除了已經提到的之外，我們還有麥考萊（Macaulay）、色渥爾（Thirlwall）、普雷德（Praed）、霍威克爵士（Lord Howick）、桑繆爾・韋伯佛斯（Samuel Wilberforce）（以後的牛津主教）、查爾斯・波雷特・湯姆遜（Charles Poulett Thomson）（以後的席登漢爵士）、愛德華・李頓・布威爾（Edward Lytton Bulwer）和亨利・李頓・布威爾、方布蘭克（Fonblanque），以及其他很多人，現在我記不起他們的名字，但他們以後在公務生活或文學生活中，都多多少少有傑出表現。一切都似乎充滿了希望。但是採取行動的時間接近了，我們需要決定一位主席，找一個人開始第一次的辯論。結果，我們的傑出會員中卻沒有一個人同意擔任這兩項工作。我們敦促了很多人，但只有一個人被說服。我對這個人的了解很少，但他在牛津曾享有過很高的榮譽，據說在那兒的演講名聲很大。他以後也成爲保守派的議院議員。於是，他被指定爲主席，也被指定發表第一次演講。重要的日子來臨了，長椅上坐滿了人；我們所有的傑出演講家都出席了——是來判斷我們的努力，不是來幫助我們的努力。這位牛津的演講家的演講完全失敗。所有的人都被澆了一盆冷水。幾乎沒有演講家接續下去，也沒有人盡力而爲。這件事完全失敗了；我們所指望的演講名家都離開了，不曾再回來。如此我至少對世事增長了了解。這次意外的潰敗，改變了我對計畫全盤關係。我並沒有預期扮演傑出的角色，也沒有預期發表很多演講，或經常發表演講——尤其是在最初的時候。但是，此時我看出：計畫的成功取決於新人，於是我又努力以赴。我開啓第二個辯論問題，並且從此在幾乎每次辯論中都發言。有一段時間，這是很辛苦的工作。維利爾三兄弟以及隆米利又繼續跟我們合作了一段時間，但是，社團所有創辦人的耐心最後終於消耗殆盡——除了我和羅布克。在接下來的季節，也就是一八二六年到一八二七年之間，情況開始好轉。我們有了兩位保守派演講家赫渥（Hayward）和席伊（Shee）（以後的席伊軍曹）。激進派的一邊得到以下諸人的增援：查爾斯・布勒（Charles Buller）、科克本（Cockburn），以及第二代的劍橋邊沁主義者。由於有了他們以及其他人偶爾的幫助，再加上兩位保守派人士、羅布克和我是固定演講的人，所以幾乎每次辯論都是「哲學激進派」和保守派律師之間的「正式會戰」。後來，我們的爭論引起人們的談論，有幾個知名人士前來聽我們的辯論。這種情況在以後的季節，也就是一八二八年和一八二九年，更常發生。當時柯律吉主義者──以毛利斯（Maurice）和史特林（Sterling）為代表──以第二個自由主義以及甚至激進主義團體的身分，出現於我們的社團之中，立論完全不同於邊沁主義，並且激烈反對邊沁主義。他們把歐洲在反抗十八世紀哲學方面的一般學說和思想模式，引進這些討論之中，也為我們的辯論增加了第三個很重要的好戰團體。此時，我們的辯論是一種優秀的典型，闡釋了最有教養的新一代之中的見解動向。我們的論辯很不同於一般辯論社團的論辯，因為我們的論辯通常都包含有兩方所能提出的最強烈的辯詞，以及最有哲學成分的原則，時常造成彼此之間緊密又急迫的辯駁。這種情況對我們必然是很有用的，顯然對我是很有用的。我確實不曾表現出真正流利的口才，演講時經常顯得不優雅。但是，我能夠讓別人聽我演講。並且，我寫演講詞，經常是在自認表達觀念很重要的時候──感受到某種感情，或者所要披露的觀念具有某種本質。所以，我寫出動人講詞的力量大大增加，不僅耳朵能聽出流暢的特性和韻律，並且也培養了對於有力句子的實際感覺，同時又能夠立刻判斷句子的有力特性──根據其對各種聽眾的影響力而加以判斷。

這個社團，以及為這個社團所做的準備工作，再加上為同時進行的早晨交談所做的準備工作，占據了我較大部分的休閒時間。當我在一八二八年春天不再為《西敏寺評論》寫稿時，就覺得鬆了一口氣。《西敏寺評論》已經陷入困境。雖然第一期的銷路很激勵人心，但是，我想持續的銷路一直是不足夠應付開銷——就這份雜誌經營的規模而言。開銷曾經大大削減，但削減的程度並不夠。主編之一騷任（Southern）已經辭職。幾位寫稿人，包括父親和我，較早時的稿酬跟其他人一樣多，但後來就沒有稿酬了。無論如何，最初的基金幾乎用光了，或者用得差不多了。如果《西敏寺評論》要持續的話，就非得重新安排這份雜誌的事務。父親和我為了這個問題跟主編波林（Boring）開了幾次會。我們願意盡力維持《西敏寺評論》，作為表達我們的見解的機關報，但不請波林當主編。這份雜誌再也請不起一位支薪的主編，於是我們有理由在不使波林難堪的情況下告訴他說，我們不再需要他的服務了。我們以及我們的一些朋友，準備以不領稿酬的作家的身分，繼續編輯《西敏寺評論》，或者在我們自己之中找出一位不支薪的主編，不然就是我們一起主編。但是，當這項交涉正在進行，而波林顯然表示默從的時候，他卻在一個不同的地方進行另一次交涉（與培羅內・湯普遜〔Perronet thompson〕上校交涉）。關於此事，我們是從身為主編的波林的一封信中最先獲得消息的。他在信中只告訴我們說，事情已經安排好，並且要我們為下一期的雜誌寫文章，答應付稿費。我們並不反對波林有權利進行對他比較有利的安排（如果他能夠的話）。但是，他對我們隱瞞事實，而表面上卻同意我們自己的計畫，我們認為這是一種侮辱。縱使我們不這樣認爲，我們也不想花費時間和精力去爲他所安排的《西敏寺評論》寫文章。因此，父親就找藉口不再寫；只是兩、三年後，由於受到很大的壓力，他確實又寫了一篇政治性文章。至於我，我是斷然拒絕。於是我與原始的《西敏寺評論》結束關係。我在其中所寫的最後一篇文章，所花的心血比以前任何一篇文章還多，但卻是我樂意做的事，因爲這篇文章是爲早期法國革命家辯護，反駁華爾特・史各特（Walter Scott）爵士在他的《拿破崙傳》的介紹中以保王黨的觀點誤解早期的法國革命家。我爲了寫這篇文章所讀的書籍，包括做筆記和摘要，甚至我所必須買的書（當時沒有公立圖書館或會員圖書館，可以讓你把參考書帶回家），都遠超過即刻的目標所具有的價值。但是，我當時有一個不成熟的意願，那就是想寫一本法國大革命的歷史；雖然此事未曾完成，但是，我以後所蒐集的材料，卻對於卡萊爾（Carlyle）的類似目標很有幫助③。

③ 指卡萊爾的《法國革命史》（一八三七年）。——譯註

第五章　我的精神史中的一個危機

——往前推進一個階段

此後有幾年的時間，我很少爲報章雜誌寫文章，完全沒有固定的文章出現。這種暫停的狀態，使我獲益匪淺。在這段期間之中，有一件事對我而言是特別重要的，那就是，我能夠只爲自己的心智而融會自己的思想，以及使自己的思想變得成熟，不必要急著印成鉛字發表。如果我繼續寫作的話，那麼，寫作就會妨害我在見解和性格方面的重要改變。這種重要改變就在那幾年之中出現；它的起源，或者至少我爲它做準備的過程，如要加以說明，只有再往前回溯一段時間。

從一八二一年冬天，我第一次閱讀邊沁作品的時候起，尤其是從《西敏寺評論》創刊的時候起，我就有了眞正稱得上的生命目標——成爲世界的改革者。我對於自身的幸福所具有的概念，完全與這個目標一致。我希望獲得獻身於此目標的勞工同志的個人同情。我儘量在途中摘取很多鮮花；但是我卻全部依靠這個目標，視爲我可以信賴的一種嚴肅又永恆的個人滿足。我習慣於慶幸自己享有確定的快樂生活，將自己的快樂寄託在一種持久而遙遠的目標，使我可以一直追求進步，同時又永遠不會有完全達到目標的一天。這種情況有幾年的時間顯得很順遂：世事一般而言都有改善，並且我也認爲自己在跟別人一起努力改革這個世界，於是有趣而生動的生命似乎顯得足夠充實。但是，從這種狀態中驚醒——好似從夢中驚醒——的時間卻來臨了。那是一八二六年的秋天。我處在神經遲鈍的狀態中，這是每個人偶爾都會有的現象：不會感受到愉悅，也不會感受到快意的刺激；本來是令人快樂的事情卻顯得平淡無奇或無關緊要。我認爲，這是改信美以美教派的信徒通常所處的狀態，因爲他們第一次的「定罪」使他們良心受到譴責。在這種心理狀態中，我想要直接問自己一個問題——「假定你生命之中所有的目標都實現了；假定你現在所期望的制度和見解的改變，可以在此刻全部完成，那麼，你會感到非常高興，非常愉快嗎？」一種無法壓抑的自我意識清晰地回答說：「不會！」於是，我的心往下沉；我的生命構建於其上的整個基礎崩潰了。本來，我的一切幸福，將要實現於對這個目標的持續追求；如今，這個「目標」已不再迷人，那麼「手段」怎麼可能有趣味可言呢？似乎沒有什麼可以讓我活下去的了。

最初，我希望烏雲會自動消失，但是卻沒有。本來，一夜的睡眠最能解除生活中較小的困惱，但是，現在，一夜的睡眠對於這種情況卻不見功效了。我每天醒過來，都重新意識到這個可悲的事實。無論是走進那一個同伴之中，無論是做哪種事情，我都想著這個可悲的事實。幾乎沒有什麼事情足以讓我遺忘這件事情——甚至幾分鐘之久。有幾個月的時間，烏雲似乎越來越濃。柯律吉（Coleridge）的〈沮喪〉一詩中的幾行——我當時並不熟悉——最能描述我的情況：

一種沒有劇痛的悲傷，空虛、黑暗而又沉悶，
一種呆滯、受壓抑而又了無生氣的悲傷，
無法在言詞、嘆息或眼淚中，
發現自然的發洩或紓解。

我想在自己喜歡的書中尋求紓解，但卻徒然。雖然我一直從那些記錄過去的高貴又偉大事蹟的回憶錄中，汲取力量與精神，但是現在對我而言卻是枉然了。我讀這些回憶錄時，了無感覺，或者說有通常的感覺，但感覺卻完全不具魅力。我開始相信，我對人類的喜愛，以及我對「卓越」本身的喜愛，已經消耗殆盡。我並不把自己的感覺告訴別人，藉此來尋求舒慰。如果我足夠喜愛任何一個人，必須把自己的悲傷告訴他，那麼，我也就不會處在當時那種狀態中了。我也感覺到，自己的苦惱並不會令別人感興趣，在任何方面而言也不會令別人表示尊敬。其中並沒有引人同情的成分。忠告——如果我知道到何處去尋求的話——會是最爲珍貴的。馬克白（Macbeth）對醫生所說的話，時常在我腦海中浮現①。但是沒有人能夠讓我在他身上寄託最微弱的希望，讓我希望從他身上獲得這種助力。本來，我在遇到任何實際困難的時候，都會自然訴諸父親，但是，在這種情況下，他卻是我最不願意尋求幫助的人。一切的一切都使我相信：他並不知道我所遭遇的精神狀態；就算他能夠了解，他也不是能夠把我治好的醫生。我的教育完全是他的成果，但是他在教育我的過程之中，並沒有想到可能有這種結果。我認爲，如果爲他增加痛苦，讓他認爲計畫已經失敗，那並不會有什

① 你不能診治患病的心智，從記憶中拔出根深蒂固的悲愁，拭去腦中寫著的困惱，用一種甜美忘憂的解藥洗滌那沉積在她心中的危險物嗎？——譯註

麼用的，因爲失敗可能已不可挽救，並且無論如何，是超乎他的挽救能力之外。至於其他朋友，我當時並不存有希望，不認爲他們中有人會了解我的情況。然而，我自己卻非常了解自己的情況；我越細思自己的情況，情況越顯得無望。

我在學習過程中存有一種想法，那就是，所有的精神和道德感受及特性，無論是好是壞，都是觀念的聯想所造成的結果。我也認爲：由於教育或經驗的影響，我們固持對某些事物的愉快或痛苦觀念，因此我們喜愛某一件事物，憎惡另一件事物，喜歡某一種行動或思考，厭惡另一種行動或思考。自然而然，我經常聽到父親堅持說（我自己也相信）：教育的目標應該是形成最強烈的健全觀念聯想，也就是說，將「愉悅」和「有益於大整體的事物」聯想在一起，將「痛苦」和「有害於大整體的事物」聯想在一起。這種學說似乎是無法抹煞的；但是現在回想起來，我覺得我的老師們只是在表面上專心於一件事情：如何形成並保持這些健全的觀念聯想。他們似乎完全信任古老而熟悉的工具——讚美與責備、獎賞與處罰。我相信在早期時，鍥而不捨地應用這些方法，可能創造出有關痛苦與愉悅——尤其是有關痛苦——的強烈觀念聯想，並且也可能產生慾望與嫌惡，持續不衰，一直到生命結束。但是，以這種方式所產生的觀念聯想，必然總是有一種人爲與臨時的成分。以這種方式被強迫與事物聯想在一起的那些痛苦與愉悅，並不是以自然的關係而與事物結合在一起。因此，我認爲，如果要使這種觀念的聯想持久的話，有一個條件是不可或缺的，那就是：在一個人還沒有習慣性地使用分析能力之前，這種觀念的聯想就要變得很強烈，很根深蒂固，幾乎無法分解開。因爲我看出（或者自以爲看出）以前一直以懷疑的心情去接受的那種說法：分析的習慣容易磨損感情。事實上，如果沒有養成其他心智習慣的話，分析的習慣是很容易磨損感情的，並且，分析的精神縱使沒有自然的補足物和矯正物，也會持續著。我認爲，「分析」的優勢在於：它容易削弱和暗中傷害偏見所造成的任何結果，使我們在心智上能夠把那些只是偶然聚集在一起的觀念分開。要不是我們將「我們對於大自然中的永恆秩序有最充分的了解」，歸因於「分析」這種力量，不然，就沒有任何一種觀念的聯想能夠最終抗拒「分析」這種解除的力量。所謂大自然中的永恆秩序，就是萬物之間的眞正關聯——不依賴我們的意志和感情，也就是自然律。在很多情況中，由於自然律的緣故，某一種事物事實上是無法與另一種事物分開的。如果我們更清晰地知覺到這種自然律，並且更加在想像中體認這種自然律，那麼，這種自然律就會使得我們對於萬物——總是在大自然中結合在一起的萬物——所具有的觀念，更緊密地固置在我們的思想之中。如此，分析的習慣甚至可能增強「原因」與「結果」、「方法」與「目的」之間的觀念聯想，但卻會完全削弱「純然」是感覺方面的觀念聯想——以通俗的方式來說。因此（我認爲）分析的習慣有利於「審愼」和「眼光的敏銳」，但卻永遠有害於感情和美德，尤其是會可怕地傷害到一切的慾望，以及一切的愉悅（觀念聯想的結果）；也就是說，根據我所主張的理論，分析的習慣會可怕地傷害到除了純粹是生理和有機的慾望和愉悅以外的一切慾望和愉悅。我比別人更強烈地相信：這種情況完全不足以讓我們過著令人滿意的生活。這些是人性的律則，我認爲，就是這些人性的律則，使得我處在當時的情境中。我所尊敬的人都認爲，那種因爲同情人類而感覺到的愉快，以及那種以造福別人，尤其是以大規模造福人類爲生命目標的感情，是最重要又確實的幸福泉源。我相信他們的這種想法是對的。但是，儘管我知道，如果有了一種感情，我就會快樂，然而，我並沒有因此有了一種感情。我認爲，我所受的教育並沒有創造出強有力的這些感情，不足以抗拒「分析」的解除力量，同時，我的整個知性培養的過程，使得早熟和過早的分析成爲心智的頑固習慣。我在心中想著：我就這樣一開始航行就擱淺，雖有一艘裝備很好的船，並且也有舵，但卻沒有帆。雖然有人在我身上小心地加以裝備，以便爲目標而努力，但是，我卻沒有眞正的慾望想要達成目標。我不喜歡美德，不喜歡一般的善，但對於其他的一切也一樣幾乎不喜歡。「虛榮」和「野心」的泉源似乎已經在我心中完全枯竭，就像「慈善」的泉源一樣已經在我心中完全枯竭。我當時想著，我太早滿足了虛榮心。在那種企求「聲譽」和「重要性」的慾望還沒有變成一種熱情的時候，我就獲得了聲譽，感覺到自己很重要。雖然我的成就很小，但卻太早就有了成就，所以就像太快享受到所有的愉悅一樣，我對於追求目標感覺到厭倦又漠不關心。於是，無論是自私的愉悅，或不自私的愉悅，對我而言都不是愉悅。在大自然之中，似乎沒有足夠的力量重新開始塑造我的性格，也沒有足夠的力量，在已經不可救藥地習慣於分析的心智之中，創造出新的觀念聯想——將「愉悅」與「人類欲求的任何目標」聯想在一起。

這些思想，與一八二六、一八二七年陰鬱的冬天那種枯燥無味而又沉重的沮喪情緒結合在一起了。在這段期間，我還能夠進行平常的工作。我是以機械的方式進行平常的工作，僅僅藉助於習慣的力量。我曾經接受一種心智的訓練，所以，雖然沒有了精神，我還是能夠進行下去。我甚至還寫了幾篇演講稿，在那個辯論社團中發表，但不記得情況如何，也不記得成功的程度如何。在那個社團中持續演講的四年之中，只有這一年我幾乎完全沒有記憶。在所有作家之中，我只發現柯律吉眞正描述了我的感覺；他的兩行詩時常在我腦海中出現，但不是在這個時候（因爲此時我並沒有讀到這兩行詩），而是在心智處於同樣病態中的後期：

> 沒有希望的工作就像用篩子汲取美酒，
> 沒有目標的希望無法生存。

我的情況很可能不像自己所想像的那樣特殊，並且我也認爲，很多人都經歷過類似的狀況。但是，由於我所受的教育很有獨特性，所以雖是一般的現象，卻具有了一種特別的性質，而時間自然也幾乎不可能消除這種特別的性質。我時常自問：如果生活必須以這種方式度過，那麼，我是否可能繼續活下去？或者我是否一定要繼續活下去？我通常都這樣回答：「我不可能忍受超過一年。」然而，過了還不到半年的時間，卻有一線細微的亮光照射在我的陰鬱情緒上。我偶然閱讀馬蒙特爾（Marmontel）的回憶錄，讀到了一個段落，敘述他父親去世後，家人陷入一種痛苦的境地。但是當時只是小男孩的馬蒙特爾卻忽然得到一種啓示，由於這種啓示，他感覺到（也使家人感覺到）：他將是家人的一切——將塡補家人所失去的一切。我生動地構想這個情景及其所引發的感情，感動得流淚了。從這個時刻起，我的負荷減輕了。那種想法不再壓迫我：我不再認爲自己心中的感覺已經枯竭。我不再是沒有希望了：我不是木頭，也不是石頭。我認爲自己還擁有一些原料，可以創造出所有的性格價値，以及所有的幸福可能性。我解脫了那種不斷出現的感覺，不再感覺到不可救藥的悲愁，並且漸漸發現一個事實，那就是，生活中的平常事件能夠再度提供我一種愉悅。我能夠在陽光和天空、書籍、談話、公共事務之中，再度發現喜悅，雖然不強烈，但卻足夠使我感到快樂。爲了自己的見解而努力，以及爲了大眾的利益而努力，也再度使我感到興奮——雖然只是一種溫和的興奮之情。於是，烏雲逐漸消失，我再度享受生活。雖然我又幾度復發——有時持續很多個月，但是卻不曾像以前那樣痛苦。

這個時期的經驗，對我的見解和性格有兩種很明顯的影響。首先，這些經驗導致我採行一種生活的理論，跟我以前所實行的理論很有差異，跟我當時確實不曾聽到的理論——卡萊爾的反自我意識理論（anti-self-consciousness theory）——有很多共同之處。我一直堅信：幸福是所有行爲規則的試金石，也是生活的目的。但是，我此時卻認爲：如要達到這個目的，只有不將它當做直接的目的。我認爲，只有那些專於另一種目標，而不是專注於自己的幸福的人，才是幸福的。所謂專注於另一種目標是指，專注於別人的幸福，專注於人類的改造，甚至專注於一種藝術或追求——不把它當做一種手段，而是把它本身當做一種理想的目標。他們以別的事物爲目標，結果卻在途中發現了幸福。我的理論是：如果以「順便」的態度去享受生活，不把「享受生活」當做一種主要目標，那麼「享受生活」就足夠使生活成爲一種快樂。一旦把「享受生活」當做一種主要的目標，人們就立刻感覺到它並不足夠，經不起詳細的檢視。一旦你問自己是否快樂，那麼你就不再快樂。唯一的機會是：不把快樂當做生活的目的，而是把附屬於快樂的一種目標當做生活的目的。要如此消耗你的「自我意識」、「自我檢視」、「自我訊問」。如果幸運的話，你會在所吸進的空氣之中吸進「快樂」，不用去想它、考慮它，不用在想像中預先阻止它，也不用提出致命的問題來嚇走它。此時，這個理論變成了我的人生哲學的基礎。現在，我仍然認爲它是最佳的理論——對於只有中等程度的感性和能力去享受愉悅的人而言，也就是說，對於大部分人類而言是如此。

我的見解在這個時期經歷了另一個重要的變化，那就是，我第一次賦予個人的內在教養適當的地位，視之爲人類幸福的主要必備條件之一。我不再認爲，整頓外在的環境，以及訓練人類去沉思和行動，是幾乎唯一重要的事情。此時，我已經從經驗中獲知：被動的感受性和主動的能力一樣，都需要培養，必須加以豐潤，加以引導。我完全不昧於（也不低估）自己以前所了解的那部分事實；我不曾背叛知性的教養，也一直認爲分析的力量和習慣是個人和社會改革的基本條件。但是，我認爲，知性的教養已經造成了一些結果，需要加以改正，而改正的方式是：將之結合以其他種類的教養。我認爲，維持精神能力的適當平衡是最重要的。感情的培養成爲我的道德和哲學信條的要點之一。我的思想和性向越來越轉向有助於感情培養的所有事物。

我曾經讀到或聽到一些事物，是關於詩及藝術之爲人類教養的工具所具有的重要性；此時，我開始在這些讀到或聽到的事物之中發現意義。但是，我還要再過一段時間，才開始親身體驗到這一點。我從童年時代起，就感到很有興趣的唯一想像藝術是音樂。音樂的最佳影響（就這方面而言，它可能超過其他每種藝術）在於激發熱情，把那些高尚的感情提升到一個高峰。這些高尚的感情已經隱含在性格之中，但是這種激發卻賦予這些感情一種光和熱。這種光和熱就其最高點而言雖然是短暫的，但卻能夠在其他時間維持這些高尚的感情，因此是很珍貴的。我時常經驗到音樂的這種效果。但是，就像我所有的快意的感受性一樣，這種感受性卻在我的憂鬱時期停頓了。我一再尋求這方面的舒慰，但卻沒有成功。在情況轉變而我正在復原的那段時間中，音樂曾助我前進，但卻是以一種比較不那麼高尚的方式幫助我。我在此時第一次熟悉韋伯（Weber）的〈奧伯龍〉②，從其優美的旋律中感受到極端的愉悅，對我很有功益，因爲這部歌劇爲我提供了愉悅的泉源，使我一直感受到這種愉悅。然而，我所得到的助益，卻因爲自己有一種想法而有了減損，那就是：音樂的愉悅會因

② 一八二六年首演於倫敦的浪漫歌劇。——譯註

爲熟悉而消退，需要藉著「間歇性」來恢復它，或者藉著持續的「新奇性」來維持它（就音樂所給我的愉悅——純然是曲調的愉悅——而言，這種說法是十分眞實的）。我當時的心境，以及我在生命這段期間的一般心智情境，都透露一種很明顯的特性，那就是，當我想到音符的組合總會有竭盡的時候，心中就很痛苦。一個音階只包括五個全音和兩個半音，只能以有限的方式將它們結合在一起，其中只有小部分是悅耳的，我認爲其中大部分都已被人發現，不會再有餘地來讓很多的莫札特和韋伯彈出全新和極度豐富的音樂之美（就像他們兩人所彈出的一樣）。也許有人會認爲，這樣的憂慮就像拉普他的哲學家們一樣——唯恐太陽會燃燒盡③。然而，這種憂慮卻跟我的性格中最美好的特性有關聯，並且也是在我那種很不浪漫而又不體面的痛苦中，所能發現的唯一優點。雖然我的沮喪老實說只能說是自我中心的，並且我認爲是由於自己的幸福架構崩潰所造成的，然而，一般人類的命運卻不斷出現在我的思想中，無法與我自己的命運分開。我認爲，我的生命中的缺陷，必定是生命本身的一種缺陷。問題是，如果社會和政府的改革者能夠實現他們的目標，並且團體中的每個人都很自由，處在生理舒適的狀態中，那麼，生命的愉悅不再由「掙扎」和「匱乏」所維持，是否就不再成爲愉悅？我認爲，除非我能看出自己有更大的希望增進一般的人類幸福，不然我的

③《格列佛遊記》第三部分第二章。——譯註

沮喪必定會持續下去。但是，只要我能夠看出這樣一條出路，我就會以愉悅的心情看待這個世界，滿足於與一般人一樣的命運。

我的思想和感情處在這種狀態，所以第一次閱讀華滋華斯（Wordsworth）的作品（一八二八年秋）是我生命中的一個重要事件。我出於好奇的心理拿起華滋華斯的詩集，並不期望獲得精神上的舒慰——雖然我以前曾把這種希望寄託在詩的閱讀上。在我的沮喪心情最惡劣的時期，我曾讀完拜倫（Byron）的所有作品（那時他的作品對我而言是很新奇的），想要試試看，一個以強烈感情爲特色的詩人，是否會激起我心中的任何感覺。果然不出所料，我從閱讀之中並沒有得到好處，反而得到相反的效果。拜倫這位詩人的心境也像我自己的心境。他的心境是哀傷的心境，就像一個人已經耗盡一切的愉悅，認爲生命對於所有已經擁有生命美好事物的人，必定是枯燥無趣的，就像我所發現的一樣。他的〈哈羅德〉（Harold）和〈曼菲德〉（Manfred）身上的負荷就像我身上的負荷一樣。我處在那種心境中，無法從他的〈吉阿歐〉（Giaours）的感官激情中，或從他的〈拉雷〉（Lara）的惱怒中，獲得任何舒慰。但是，雖然拜倫完全不適合我的情況，華滋華斯卻正好適合。我曾在兩、三年前閱讀他的〈旅遊〉（Excursion）一詩，並沒有什麼收穫。如果我此時來讀他的作品，可能也一樣不會有什麼收益。但是，收在兩卷一八一五年版詩集（在作者的後半生中，這兩卷詩並不爲人看重）中的雜詩，卻正是那個特別的時機中，我的精神所需要的讀物。

首先，這些詩很有力地訴諸我最強烈的快意感受之一——對於鄉村景物和大自然情景的喜愛。鄉村景物和大自然情景不僅使我感受到很多生命的愉悅，並且也在不久之前，使我解脫最長久的沮喪期之一。鄉村之美對我的這種影響力，就是我喜愛華滋華斯的詩的源泉。由於他所描繪的情景大部分都在山中，所以我更加喜歡他的詩；因爲我早年曾到庇里牛斯山旅遊，山景就變成了我對於自然之美的理想。但是，如果華滋華斬僅僅把自然之美的美麗圖畫呈現在我眼前，那麼，他就永遠不會對我有什麼很大的影響力。史各特（Scott）在這方面表現得比華滋華斯更優越；一處二流的風景也會比任何詩人更能發揮效果。華滋華斯的詩之所以撫慰我的心靈，乃是因爲他的詩不只是表現出外在的美，並且也表現出那些受到美的刺激的感覺狀態，以及渲染著感覺的思想狀態。他的詩似乎就是我所追求的感情教養。在他的詩中，我似乎汲取著一種源泉，汲取著內在的喜悅，汲取著同情和想像的愉悅——能夠爲所有人類所共享的喜悅和愉悅，與「掙扎」或「缺陷」沒有關聯，但是會因爲人類外在或社會狀態的每一種改善而變得更豐盛。從他的詩中，我似乎了解到什麼是永恆的幸福來源——也就是，一旦生命中所有較大的罪惡都去除的時候。我感覺到自己在他的詩的影響之下，變得更善良，也變得更快樂。雖然在我們自己的時代之中，確實有比華滋華斯更偉大的詩人，但是那種感覺更深刻和高尚的詩，在當時卻無法像華滋華斯的詩那樣影響我。我需要有這種感覺。在安靜的沉思之中存在著眞實：永恆的幸福。華滋華斯教給了我這一點，他不僅沒有避開人類的一般感情和一般命運，反而對它們更加感到關心。並且這些詩所提供給我的喜悅，也證明了一個事實，那就是，有了這一種教養之後，最根深蒂固的分析習慣也沒有什麼可怕的。在《詩集》的末了出現了有名的「頌」（被人誤以爲具有柏拉圖哲學成分），即〈不朽的暗示〉（Intimations of Immortality）一詩。在這首詩之中，除了超乎他那尋常的音韻和律動之美的境界，以及時常被引用的兩個意象很莊嚴，但哲理卻低劣的段落之外，我又發現：他也有類似於我的經驗。他也感覺到，年輕時代的生命愉悅所透露的新奇，並不會持久，但是，他卻以一種方式去尋求補償，並且也發現了補償——而他就是教我以這種方式去發現補償。結果是：我逐漸地（但完全地）脫離了習慣性的沮喪，從來不再陷入這種狀態之中。我長時間繼續重視華滋華斯——不是根據他的本身價值，而是根據他對我有益的程度。與最偉大的詩人比較起來，他可以說是非詩性的詩人，只表現出安靜和沉思的品味。但非詩性正好需要詩的教養，而華滋華斯比起那些本質上比他更是詩人的詩人，更加適合提供這種教養。

結果，華滋華斯的優點促使我第一次公開宣稱自己的新思想方式，揚棄我那些固定的同伴們的思想方式，因爲他們沒有經歷跟我類似的變化。我當時最常與羅布克（Roebuck）交換這方面的意見與經驗；我要他讀華滋華斯的作品，他最初似乎也很讚賞華滋華斯。但是，我像大部分華滋華斯主義者一樣，強烈地抗拒拜倫——就他是一位詩人，以及就他對性格的影響而言。羅布克的所有本能都是屬於行動和掙扎的本能，所以，相反地，他非常喜歡且讚賞拜倫；他認爲拜倫的作品是人類生活的詩，而根據他的說法，華滋華斯是花和蝴蝶的詩。我們兩人同意在我們的「辯論社」辯明自己的觀點，因此，我們就在那兒，以兩個晚上的時間討論拜倫與華滋華斯的比較性優點，花很長的時間朗誦詩歌，提出並證明我們各自的詩論。史特林（Sterling）也在一次精彩的演講中陳述他自己的特別理論。這是羅布克和我第一次站在相反的立場辯論有分量的問題。從此以後，我們之間的裂隙越來越大，只是我們有幾年的時間繼續成爲同伴。開始時，我們主要的分歧是涉及感情的教養。羅布克在很多方面都很不同於一般人心目中的邊沁主義或功利主義信徒。他喜愛詩，尤其是喜愛藝術。他很喜歡音樂、戲劇表演，特別是喜歡繪畫；他自己也描繪並設計風景畫，手法靈巧，意境優美。但是，他一直無法相信這些東西很有助於性格的塑造。就個人而言，他並不像人們心目中的邊沁主義信徒一樣，在感覺方面顯得很空虛，他反而具有靈敏和強烈的感性。但是，像大部分有感情的英國人一樣，他發覺自己的感情相當地阻礙了自己。他比較容易感受痛苦的感情共鳴，比較不容易感受愉悅的感情共鳴。他在感情以外的領域尋覓自己的快樂，希望自己的感情是僵化的，不是活化的。是的，英國人的性格以及英國的社會環境，使得人們很少可以從發揮共鳴的感情之中獲得快樂，難怪共鳴的感情在英國人的生活架構之中並沒有什麼重要性。在大部分的其他國家之中，共鳴的感情是構成個人幸福的一個要素，被公認具有最大的重要性，被視爲當然，不需要任何正式的聲明。但是，大部分的英國思想家，卻幾乎認爲共鳴的感情是必要的罪惡——爲了使人們的行動顯得慈善和慈悲，所以需要這種必要的罪惡。羅布克是（或者似乎是）這種英國人。他認爲，培養感情幾乎沒有什麼好處，藉著想像力培養感情則完全沒有好處，只是在培養幻象。我力陳自己的意見，但他並不接受。我所力陳的意見是：當我們生動地構想一個觀念時，這個觀念就會刺激我們的內心產生想像的感情；這種想像的感情並不是一種幻象，而是一種事實，跟客體的任何特性一樣眞實；並且這種想像的感情並不暗示說，我們在心智上對於客體的理解有什麼錯誤和虛妄的成分——我們照樣會對於客體的一切物理和知性律則及關係，有最準確的了解和最完美的實際體認。我們看到夕陽照亮雲彩的美景，產生了最強烈的感覺，而這種感覺並不會阻礙我們對於雲彩的了解：它是水蒸氣，凡是與懸浮狀態的水蒸氣有關的定律，都可以應用在它上面。只要有必要的話，我都可能去考慮或遵照這些物理的定律，好像我無法分辨美與醜。

我與羅布克的親密關係減弱，同時與社團中信仰柯律吉主義的對手越來越友善，包括佛雷德烈・毛利斯（Frederick Maurice）和約翰・史特林（John Sterling）。這兩個人以後都很出名；前者以他的作品著名，後者則因爲哈雷（Hare）和卡萊爾（Carlyle）所寫的傳記而出名。在這兩個朋友之中，毛利斯是思想家，史特林是演講家，以慷慨激昂的方式闡釋這個時期中幾乎全由毛利斯爲他所塑造的思想。伊頓・吐克（Eyton Tooke）在劍橋認識毛利斯，所以我經由伊頓・吐克跟毛利斯熟悉了一段時間。雖然我與毛利斯之間的討論幾乎總是爭論，但是我從爭論之中卻學得了很多，有助於建立自己的新思想架構，就像我從柯律吉身上獲益良多，也從那幾年所讀的歌德和其他德國作家的作品中獲益不少。我深深尊敬毛利斯的品性和意向，也尊敬他偉大的資賦，所以我並不願意說出什麼話，使他的身分似乎有所貶抑，無法達到我很高興能夠賦予他的傑出地位。但是，我總是認爲：毛利斯自己所浪費的智力，比任何一位當代人物所浪費的智力還多。當代人物中，確實很少人有這麼多智力可以浪費。毛利斯有偉大的綜合歸納能力，表現出少見的智巧與敏感，並且相當地意識到重要但不明顯的眞理，然而，這一切卻沒有幫助他去爲一大堆沒有價值的東西——人們對於重要思想問題的普遍見解——灌注較美好的價值，只是幫助他自我證明一件事，那就是，英國教會從一開始就知道一切情況，並且，人們據以攻擊英國教會和正教的一切事實（他跟任何人一樣看清其中很多的事實），不僅符合「三十九條」條款，並且也在這「三十九條」條款中更爲人所知，更明白地表達出來，其程度超過任何一位拒斥「三十九條」條款的人所了解和表達的。對於他的這種作爲，我只有一種說明：我把它歸因於良知的膽怯，加上脾性本來就敏感。這兩者時常驅使有高度資賦的人訴諸天主教，因爲他們需要一種較有力的支持力量——比他們對於自己的判斷所下的獨立結論還要有力。就算毛利斯沒有在最後牴觸了一些普遍被認爲正統的見解，以高貴的姿態發起「基督教社會主義」運動，如此公開證明他不具較卑下的膽怯心理，凡是認識他的人也不會認爲他具有這種膽怯心理。從道德的觀點來看，與他最接近的人是柯律吉。如果只論純然的智力，不談詩方面的才賦，我認爲毛利斯顯然比柯律吉優越。無論如何，此時毛利斯可以被描述爲柯律吉的弟子，而史特林則是柯律吉和毛利斯的弟子。由於我正在修正自己往昔的見解，所以就跟他們有了接觸。毛利斯和史特林對我的進展有相當的幫助。我很快就與史特林建立起親密的關係，跟他之間的感情，勝過我跟其他人的感情。他確實是最可愛的男人之一。他的性格坦率、熱誠、深情、闊達。他在最高貴以及最卑下的事物之中，都同樣表現出對眞理的喜愛。他有一種慷慨又熱情的本性，熱烈地投注於自己所採行的見解中，但也很渴望公平對待自己所反對的學說與人，就像他渴望攻擊自己所認爲的錯誤。他同樣忠於「自由」和「責任」這兩個基本要點。上述這一切特性結合在一起，吸引了我，也吸引了所有跟我一樣熟識他的人。由於他的理智和感情很開放，所以他很容易跟我攜手越過我們的歧見鴻溝。他告訴我說，他和其他人曾把我看成一種被「製造」或加工出來的人（基於謠傳）：某一種見解模子印在我身上，我只能重新產生同樣的模子。但是，他在跟我討論華滋華斯和拜倫時，發現華滋華斯以及這個名字所暗示的一切，「屬於」我，也「屬於」他以及他的朋友，於是他的感覺產生了很大的變化。由於他的身體衰弱，不久他一生的一切計畫都落空了。他被迫住在遠離倫敦的地方，所以，在我們認識一、兩年之後，我們只能很久才見一次面。但是（就像他在寫給卡萊爾的一封信中所說的），當我們見面的時候，情況就像兄弟。雖然就「思想家」一詞的充分意義而言，他從來就不是一位深刻的思想家，但是，他的心智開闊，具有道德勇氣（大大勝過毛利斯），所以他超越了毛利斯和柯律吉一度加諸於他的智性的那種支配力，只不過，他一直到最後都對兩人表現出一種強烈但卻有識別力的讚賞之情，並且對毛利斯顯示出一種熱烈的感情。除了在生命的一個短暫時期中，犯了一個錯——成爲一名教士——之外，他的心智一直有所進展。每次我在過了一段時間後與他見面，總是發覺他似乎有所進展，所以我就把歌德對席勒（Shiller）所說的話，應用在他身上：「他的進展速度眞是驚人。」他和我從相隔幾乎如兩極的兩個知性之點出發，但是我們之間的距離一直在減少。如果說我是迎向他的一些見解，那麼他則在短暫的一生中，不斷越來越接近我的一些見解。如果他活下來，擁有健康的身體和精力，來進行他那一直表現得很辛勤的自我教養，那麼，我們不知道這種自然的同化會進展到什麼程度。

一八二九年之後，我不再參加「辯論社」。我已經發表了夠多的演講，我很高興進行個人的研究和沉思，不必立刻將個人的研究和沉悶的結果顯示於外。我發現：往昔學習到的見解所形成的架構，在很多新的地方崩潰了。我不曾讓這個架構粉碎，我只是不斷把這個架構重新組織。我在轉變的過程中，不曾願意處在迷亂又不安的狀態中——縱使時間多麼短暫。每當我接受任何新的觀念時，我都要調整新觀念與舊見解之間的關係，並且完全確定一件事，那就是，新觀念在修正和取代舊見解方面，應該產生多大的影響力。如果我不這樣做，我就無法安定下來。

我爲了辯護邊沁和父親的作品中所提出的政府理論，時常必須經驗到一些衝突，同時，我也了解其他學派的政治思想，因此，我意識到，邊沁和父親的學說——聲稱是一般性的政府理論——應該在很多方面有所改進。但是，我認爲，這些應該改進的方面，是將理論應用在實際時所需要改正的缺點，而不是理論本身的缺點。我認爲，政治不能成爲一門涉及特殊經驗的科學。我也認爲，有人責難邊沁的理論「是」一種理論，是演繹的過程，藉助於一般的推理，而不是藉助於培根式的實驗，這顯示出他們完全昧於培根的原則，完全昧於實驗性探討的必要條件。在這個關頭，《愛丁堡評論》出現了一篇文章，那就是麥考萊攻擊父親〈論政府〉一文的傑作。這個事件使我能夠去思考很多事情。我看出，麥考萊對於政治邏輯的觀念是錯誤的；他贊成以實驗的模式看待政治的現象，反對以哲學的模式看待政治的現象；甚至在物理學中，他的立論觀念可能會接納凱卜勒（Kepler），但卻會排除牛頓（Newton）和拉普雷斯（Laplace）。但是，我禁不住感覺到，雖然麥考萊的語氣不適當（他以後爲這種錯誤表示相當的歉意，很有光采），然而，他對於父親處理這個問題的方式提出幾點抨擊，卻很有道理。我也感覺到，父親的前提確實太狹窄，只包含了少數的普遍性眞理（在政治學中，重要的結果所依賴的普遍性眞理）。管理的團體和整個社會之間利益的一致，就任何可能涉及的實際意義而言，並不是決定賢明政府的唯一條件，並且，這種利益的一致，也不能僅僅靠著選舉的條件來確保。我完全不滿意父親在應付麥考萊的批評時，所採取的方式。我認爲他應該爲自己辯護說：「我不是寫論政治的科學性論文，我是爲議院改革寫論辯的文章。」但他沒有這樣做。他認爲，麥考萊的論辯是沒有理性的；他認爲，麥考萊攻擊推理能力，證明了霍布斯（Hobbes）所說的話：當一個人「理」屈的時候，他就攻擊「理」。於是，我認爲，父親對於哲學「方法」——應用於政治上——的觀念，確實有基本上謬誤之處，其謬誤的程度比我到那時爲止所認爲的還嚴重。但是，我最初並沒有清楚地看出是什麼謬誤。最後，我在學習其他課程時，忽然想到了。在一八三〇年初，我已經開始寫及「邏輯」的觀念（主要是「名詞」之間的區分，以及「命題的涵義」）；我在已經提及的早晨交談機會中得到暗示，部分想出這些觀念。在把握住這些觀念之後，我就向前推進，涉獵其他方面的問題，看看是否能夠進一步以一般的方式釐清「邏輯」的理論。我立刻把捉住「歸納」問題，把「推理」問題往後延，理由是：必須先得到前提，才能從前提中推理。「歸納」主要是發現「造成結果的原因」的一種過程。我試圖探討物理學中追溯因果的模式，不久就看出：在較完美的科學中，我們藉著對於特殊事項的概括，上溯到單獨加以考慮的原因傾向，然後從那些個別的傾向向下推理，推到由那些結合在一起的同樣原因所產生的結果。然後，我自問：這種演繹的最終分析是什麼？演繹法的一般理論顯然沒有提出答案。我有一種習慣（學習自霍布斯和父親）：藉著自己能夠發現的最佳具體例子，研究抽象的原則。所以，我就想到力學中「力的構成」，視之為我正在探討中的邏輯過程的最完美例子。因此，我檢視心智在應用「力的構成」原則時的表現，發現心智會表現出簡單的增加作用。心智把一個力的個別結果加在另一個力的個別結果，記下這些個別結果的總數，作為共同結果。但是，這是合理的過程嗎？在力學中，以及在物理學的所有數學分支中，這是合理的過程，但是在其他一些情況中，例如：在化學之中，這卻不是合理的過程。然後，我想起：我童年時所喜歡的那本湯姆遜（Thomson）的《化學體系》的引言部分曾指出類似的情況，認為是化學現象和機械現象的區別之一。這種區別立刻使我了解到：我在政治哲學方面所感到困惑的是什麼。我看出，一種科學之為演繹的或實驗的，是取決於以下的情況：在它所處理的領域裡，將原因結合在一起時所產生的結果，是否等於將同樣的原因分開時所產生的結果。因此，政治學必定是一種演繹的科學。如此，麥考萊和父親都錯了。麥考萊錯在把政治學中的立論方法認同於純粹是實驗的化學方法，而父親雖然採用演繹方法是正確的，但卻選錯了演繹方法。父親所採取的演繹類型不是適當的過程，不是自然哲學的演繹分支的過程，而是不當的過程，即純粹幾何學的過程，而純粹幾何學完全不是因果關係的科學，並不需要也不容許任何的結果之總計。於是，我的思想中的一個基礎就這樣奠定，而我以後所出版的論「道德科學的邏輯」的作品，其中的主要章節也是以此爲基礎。我那種關係到我的舊政治信條的新見解，於焉完全確定了。

如果有人問我：我用什麼政治哲學體系來代替我已經放棄的哲學？那麼，我的回答是：沒有什麼體系，只有一種信念，那就是：眞正的體系比我以前所知道的更加複雜、更加多面，並且其任務並不是提供一套典範的制度，而是提供一些原則，從其中可能演繹出適合任何情況的制度。歐洲（即歐洲大陸）思想的影響力，尤其是十九世紀對於十八世紀的反動影響力，大量灌輸在我身上。這些影響力來自不同的領域：來自柯律吉的作品，因爲甚至在我的見解還沒有改變之前，我就開始感興趣地閱讀他的作品；來自與我有個人交往的柯律吉主義信徒；來自我所閱讀的歌德作品；來自卡萊爾發表於《愛丁堡評論》和《外國評論》中的早期文章——雖然有一段長時間，我在這些文章中只看到卡萊爾的狂想（父親也一直只在其中看到他的狂想）。從這些來源，以及從我對於當時法國文學的了解，我獲得了歐洲思想家的見解在一百八十度轉變後最彰顯出來的觀念，尤其是獲得了以下這些觀念。其一，人類心智的可能進展有一定的順序，有些事物必須先於其他事物；政府和大眾的指導者只能在某種程度上改變這種順序，不能無限制地改變。其二，所有政治制度的問題都是相對的，不是絕對的；不同階段的人類進步不僅「將會」有不同的制度，並且也「應該」有不同的制度。其三，政府總是掌握在（或轉入）社會中最強勢的力量之中；這種力量並不取決於制度，而是制度取決於它。其四，任何一般性的政治理論或哲學，都必須有一個先前的人類進步的理論，歷史哲學也是如此。有一些思想家表現出誇張和激烈的態度，抱持這些大致眞實的見解，而我最習慣與這些思想家交換意見或經驗，且他們通常都以反動的態度忽視十八世紀的思想家所看到的另一半眞理。然而，雖然我在自己的一個進展期中，有一段時間低估十八世紀，但我卻不曾對十八世紀採取反動的態度，只是對眞理的兩方面都保持堅定的立場。十九世紀與十八世紀之間的爭論，時常使我想起盾的兩面之爭——盾的一面是白的，另一面是黑的。爭論者表現出盲目的怒氣彼此攻擊，我對此感到很驚奇。我把柯律吉所說的很多有關「半眞理」的格言④應用在他們以及柯律吉自己身上，而此時我最願意採行的方法是歌德的「多面」方法。

---

④「最有害的錯誤是把半眞理視爲全眞理」等等。——譯註

有一些作家，比別的作家更使我了解到一種新型的政治思想，他們就是法國聖西蒙學派的作家。在一八二九年和一八三〇年，我熟悉了他們的一些作品。他們當時只是處於較早期的思索階段，還沒有把他們的哲學裝飾成宗教，也還沒有創立他們的社會主義架構。他們才開始探究遺產的本質。我並沒有準備與他們一起探討這個問題；但是他們第一次提供給我的相關觀點，卻深深打動我，那就是，關於「人類進步的自然順序」的觀點。他們把整個歷史分成有機的時期和批評的時期，特別深深打動我。他們說，在有機的時期，人類以堅定的信念接受某種確定的信條，這種信條意在支配人類的所有行動，並且包含多多少少的眞理以及對人類需要的適應。在信條的影響力之下，人類使得所有的進步與信條符合一致，最後則脫離信條。跟著而來的是一個批評和否定的時期，在這個時期中，人類失去原來那種一般性或權威性的信念，沒有獲致任何新的信念，只相信古老的事物都是虛假的。只要開明的希臘人和羅馬人眞正信仰「多神論」，他們的「多神論」時期就是一個有機的時期。接著是希臘哲學家的批評或懷疑時期。另一個有機時期隨著基督教而來臨。對應的批評時期則隨著宗教改革而開始，從此一直持續，現在仍然持續，並且不會完全停止——除非一種更急進的教條獲勝，開創一個新的有機時期。我知道，這些觀念不是聖西蒙主義者所特有；相反的，這些觀念是歐洲的普遍特性，或者至少是德國和法國的普遍特性，但據我所知，這些作家最徹底地系統化了這些觀念，他們也最爲有力地陳述了一個批評時期的明顯特點；我當時並不熟悉費希特（Fichite）的論「現代特性」（The Characteristics of the Present Age）的演講。

我確實發現卡萊爾以嚴酷的態度譴責一個「沒有信仰的時代」，也譴責現代，而我像當時的大部分人一樣，認爲這種譴責是熱烈地表示贊同古老的信仰模式。但是，我發現，聖西蒙主義者以更冷靜、更理智的方式陳述了卡萊爾所正確地譴責的一切。在他們出版的作品中，也有一部著作我認爲優於其他著作。在這部著作之中，一般的觀念已趨於成熟，顯得更明確又有益。這部作品就是奧格斯特・孔德（Auguste Comte）的早期著作；他當時在作品的書名頁中自稱（甚至宣稱）是聖西蒙的學生。在這本小冊子型的論著中，孔德先生首先揭櫫自己以後以浩繁的卷帖加以證明的學說，那就是：在每一部門的人類知識中，都有自然遞嬗的三個階段。最先是神學的階段，其次是形上學的階段，最後是實證的階段。他並且辯稱：社會科學必定遵行同樣的律則。封建和舊教體系是社會科學中神學階段的終結局面；新教是形上學階段的開始，而法國大革命的學說是形上學階段的完成；至於其實證的階段，則還沒有來臨。這種學說與我當時持有的觀念和諧一致，只是這種學說似乎爲我當時持有的觀念，提供了一種科學的形式。我已經認爲物理學的方法是政治學的適當典範。但是，我此時從聖西蒙主義信徒和孔德所暗示的連串思想中，吸收了一種主要的益處：我比以前更清晰地了解到一個見解轉換的時代所具有的特性，不再把這樣一個時代的道德和知性特色，誤認是人類的正常屬性。我透過爭論顯得喧囂但信念一般而言很脆弱的現代，去展望一個未來。這個未來將把批評的時代的最佳特性，結合以有機的時代的最佳特性。這些特性就是無限的思想自由，無止境的個人行動自由（只要行動不傷及別人），但也是對於「善與惡」、「有用與有害」所持有的信念。這些信念因早期的教育以及想法的一致而深深銘刻在感情上，並且穩固地根基於理性以及生活的眞實迫切需要之中，所以不會像從前和現在的宗教、道德和政治信條一樣，每隔一段時間就被揚棄，被其他信條所取代。

孔德先生不久就離棄了聖西蒙主義信徒，我有幾年的時間沒有看到他，也沒有看到他的作品。但是我卻繼續與聖西蒙主義信徒交往。我了解他們進展的情況，因爲他們最熱心的弟子之一，古斯塔夫・德奇沙爾（Gustave d'Eichthal），把他們的進展情況告知我；古斯塔夫・德奇沙爾大約在那時經常待在英格蘭。一八三〇年，我被介紹給他們的主要人物巴查德（Bazard）和恩方丁（Enfantin）。只要他們公開的教義和改變見解的態度持續，我都閱讀他們所寫的幾乎一切作品。我認爲，他們對於自由主義一般學說的批評，充滿了重要的眞理。部分是由於他們的作品，我才了解古老政治經濟學的價值是有限又短暫的，因爲古老的政治經濟學認爲私人的財產和遺產是無法廢棄的事實，並且也認爲生產和交換的自由是社會改革的定論。聖西蒙主義信徒逐漸展示他們的架構；根據這種架構，社會的勞力和資本是爲了社會的一般利益而經營的，每個人都要分擔一部分的勞力，無論他是思想家、教師、藝術家或生產者，全都根據他們的能力歸類，根據他們的成果給與報酬。我認爲，聖西蒙主義信徒這種架構比歐文（Owen）的架構更優越地描述了社會主義。儘管他們的方法可能沒有效，但是，我卻認爲他們的目標是理性又令人滿意的。雖然我不相信他們的社會結構很實際，也不相信其運作很有裨益，但是，我認爲，他們宣稱這樣一個人類社會的理想，一定會爲其他人的努力提供一個有利的方向，使得現在的社會結構更接近一個理想的目標。人們所最譴責他們的部分，我尤其表示尊敬，那就是他們的大膽以及沒有偏見。他們以大膽和沒有偏見的態度看待家庭問題，而家庭問題是最重要的問題，比其他重要的社會制度更需要基本上的變革，但是卻幾乎沒有改革者有勇氣去觸及這個問題。聖西蒙主義信徒宣稱男女完全平等，並且揭櫫有關男女彼此關係的全新狀態，他們與歐溫和傅利葉（Fourier）一樣値得後代子孫對他們表示感激的緬懷之情。

關於我的生命的這個時期，我只敘述了一些新的印象；在當時和以後，我認爲這些新印象是一種轉捩點，標示出我的思想模式的一種明確進展。但是，我所選出的這些少數要點，並不足以讓人了解：我在這些轉變歲月中，對於很多問題所進行的大規模思考。其中很多的思考是在於重新發現事物——這些事物世人都已知曉，但我以前並不相信，不然就是加以忽視。然而，這種重新發現對我而言卻是一種發現，讓我完全了解一些事實——不是傳統的陳腔濫調，而是活生活現的事實。這種再發現總是賦予這些事實新的面貌，使它們跟一些比較不爲人所知的事實和諧一致，並且也修正且加強這些比較不爲人所知的事實。這些比較不爲人所知的事實隱含在我早期的見解中，我不曾對其基本的部分表示猶豫不決。我的所有新思想只是更深沉而有力地爲這些較不爲人所知的事實奠定基礎，同時也時常除去觀念的誤解和混亂，不致損及這些事實的效力。例如：在我的沮喪心情回歸的後期，所謂的「哲學之必然性」的學說，像一種夢魘一樣壓迫著我。我感覺到，好像有一種科學的理論證明我是先前環境的無助奴隸，好像我的性格和所有其他人的性格，都是由一種非我們所能控制的因素所塑造，完全不是我們自己的力量所及。我時常對自己說，如果我能夠不相信環境塑造性格的學說，那會是多麼令人舒慰的事啊。我記起佛克斯（Fox）對於「抗拒政府」這種學說的願望——他希望國王不要忘記這種學說，而臣民不要記得這種學說，於是，我就說，如果所有的人在涉及別人的性格時，能夠相信「必然性」的學說，而在涉及他們自己的性格時，不去相信這種學說，那麼，這將是很可喜的事。我痛苦地沉思這個問題，一直到我逐漸看到希望之光。我看出：「必然性」一詞代表那種應用在人類行爲上的「因果關係」學說，隱含有一種誤導的觀念聯想，而這種觀念聯想，就是在我所經驗到的沮喪和癱瘓性影響力中運作的力量。我知道，雖然我們的性格是由環境所形成，但是，我們的慾望卻相當能夠塑造環境。「自由意志」學說中，眞正激勵人心和提升人格的因素，是在於一種信念，那就是，我們有眞正的力量控制性格的形成，還有，我們的意志能夠影響我們的一些環境，改變我們未來的習慣或做決定的力量。這一切都完全符合環境學說，或者說，這一切就是環境學說本身（人們以適當的方式所了解的環境學說本身）。從那個時候起，我就在心中清楚劃分環境學說和宿命主義，完全揚棄「必然性」一詞。我第一次以正確的方式了解這個理論，它完全不再令人氣餒，並且除了精神感到舒慰之外，我也不再感受到一種負荷，不再認爲一種學說是正確的，而其相反的學說則是在道德上有益的——這對於一個想改革見解的人而言，是一種很沉重的負荷。連串的想法把我從這種困境中解救出來。之後，我認爲這一連串的想法也同樣有助於其他人。現在，這一連串的想法形成了我最後一冊《邏輯體系》中論「自由與必然性」的那一章。

再者，在政治方面，雖然我不再視〈論政府〉一文中的學說爲一種科學的理論；雖然我不再認爲代議的民主政治是一種絕對的原則，只認爲它是時間、地點和環境的問題；雖然我把政治制度的選擇視爲一種道德和教育的問題，不是物質利益的問題，認爲政治制度的選擇應該主要由以下的考慮來決定：就有關的人民而言，以及作爲他們更加進步的條件而言，生活和教養中的什麼重大改革是僅次於政治制度的選擇呢？還有，什麼制度最可能促使人民更加進步呢？然而，我的政治哲學前提中的這種改變，並沒有變更我的實際政治信條──就「我自己的時代和國家的需要」這方面來說，我的實際政治信條並沒有改變。我跟以前一樣是一個激進主義者和民主主義者──對歐洲而言是如此，對英國而言尤其是如此。我認爲，英國憲法中貴族階級和富人占優勢的現象，是一種罪惡，値得不惜一切代價加以消除──並不是爲了納稅的問題或其他這類較小的不便，而是爲了建立這個國家的偉大民主化力量。之所以說「民主化」，原因是，第一，貴族階級和富人占優勢的現象，使得政府的行爲成爲道德公然淪喪的實例，因爲在國家之中，私人的利益支配大眾的利益，且爲了階級的利益濫用立法的力量。第二（這一點更重要），因爲群眾尊敬的對象，主要是現在社會中那些保障權力的手段，而在英國制度之下，財富──繼承的或以別的方式獲得的──幾乎是政治分量的唯一來源；財富，以及財富的象徵，幾乎是唯一眞正受到尊敬的對象，人們的生活主要是專注於財富及其象徵的追求。我認爲，當較高和較富有的階級掌握政府的權力時，教導和改善群眾就違反了這些階級的自我利益，因爲這樣就會使得群眾更有力量揚棄桎梏。但是，如果民主政治在統治力量中占很大的（可能主要的）比例，那麼，促進群眾的教育就很適合富裕階級的利益，因爲如此就可以避免確實有害的錯失，特別是那些會不當地危及財產的錯失。基於這些理由，我不僅跟以前一樣熱烈地贊成民主制度，並且也眞誠地希望歐溫主義、聖西蒙主義，以及所有其他反財產的學說，可能廣泛地散播在較窮苦的階級之中。這並不是說，我認爲這些學說是正確的，或者我希望人們遵行這些學說，而是爲了使較高的階級明白一個事實：窮人沒有受教育比有受教育更會讓他們擔心。

七月⑤的法國革命發生時，我就處在這種心境之中。這次革命激起了我最高的熱情，可以說是提供了一種新生命。我立刻前往巴黎，被介紹給拉法葉（Lafayette），奠定了一種基礎，使我日後得以繼續跟偏激的人民黨派的幾位活躍的首領交往。回來之後，我以作家的身分熱心參與當時的政治討論，並且由於格雷（Grey）爵士擔任首相，以及「改革法案」的提出，政治討論不久就變得更令人興奮。以後的幾年之中，我在報上大量寫文章。大約在這個時候，曾經有一段時間在《檢查者日報》（Examiner）寫政治文章的方布蘭克

---

⑤ 一八三〇。——譯註

（Fonblanque），變成了這家報紙的所有人兼主編。我們不會忘記，他表現出多麼高度的活力和才賦，還有美妙的機智，在格雷爵士擔任首相的整個期間，經營著這份報紙。我們也不會忘記，這份報紙在報界之中，身爲激進見解的主要代表，扮演了多麼重要的角色。這份報紙的明顯特色，完全由方布蘭克自己的文章表現出來；他的文章至少占了報紙中所有獨創性作品的四分之三。但是，就剩餘的四分之一而言，我在那幾年之中寫得比其他人多出很多。我寫了幾乎所有法國問題的文章，包括每星期寫一份法國政治的綱要，時常寫得很長。除外，我也寫了很多社論，論及一般政治、商業和金融的立法，以及各類的問題——只要我感興趣，並且適合報紙的問題，我都寫，還包括偶爾也寫書評。僅僅論及時代事件或時代問題的報紙文章，並沒有機會讓我發展任何一般性的思想模式。但是，我卻在一八三一年的開始，嘗試在一系列名爲《時代精神》的文章中，具體表現出自己的一些新見解，特別是嘗試在當代的特性中指出一些異態和弊病——一個已經陳舊的見解體系轉變到另一個才在形成中的見解體系時，所特別顯示出來的一些異態和弊病。我認爲這些文章的風格很笨重，不夠生動或動人，無法在任何時候爲報紙讀者所接受。但是，如果這些文章在那個特別的時刻——重大的政治變化就要來臨，緊扣所有人的內心——曾經更加吸引人，那麼，我在這兒討論此事就不合適，並且也完全沒有意義。就我現在所知，這些文章所產生的唯一效果是這樣的：當時住在蘇格蘭一個隱蔽地區的卡萊爾，在獨居的生活中讀到了這些文章，心中想著（他以後告訴我）：「這倒是一位新的神祕主義者。」並且還在那年冬天來到倫敦，探詢作者是誰，而這次探詢就是我們關係變得親近的直接原因。

我已提過，卡萊爾的較早期作品是一個管道，我經由這個管道接受影響力，擴大了我早期狹隘的信條。但是，我並不認爲：那些作品本身就會對我的見解產生任何影響。他的作品中所包含的眞理，雖然就是我已經從其他方面所獲得的同樣眞理，但其呈現的形式和外表，卻比較不適合灌輸進像我這樣的心智之中。他的作品中所包含的眞理，似乎是一團朦朧的詩和德國形上學，其中幾乎唯一清晰的一點是：他對那些構成我的思想模式基礎的大部分見解，表示強烈的敵意，包括宗教懷疑論、功利主義、環境學說，以及對民主、邏輯或政治經濟學的強調。我最先並沒有從卡萊爾的作品中學習到什麼；我是經由較適合自己的心智本質的媒介，了解到同樣的眞理，才在卡萊爾的作品中體認到這些眞理。然後，他以美妙的力量表達這些眞理，使我留下深刻的印象，有一段長時間成爲最熱烈地讚賞他的人之一。但是，他的作品對我的助益，不是哲學的啓發，而是詩的鼓舞。甚至在我們開始認識時，我的思想模式並不足夠高深，所以無法充分了解他。這可以從一件事情得到證明，那就是，當他把剛完成的《裁縫哲學》（Sartor Resartus）——他的最佳和最偉大作品——的手稿拿給我看時，我並不表示重視。不過，當這部作品在大約兩年後出現在《佛雷色雜誌》（Fraser's Magazine）時，我卻以熱情的讚賞心理和最強烈的喜悅心情去閱讀。我並沒有因爲我們兩人的哲學有基本上的差異而比較疏遠他。他不久就發現，我並不是「另一位神祕主義者」。我基於自己的誠正性格，寫信給他，清楚地表達自己所有的見解——也是我知道他最不喜歡的見解，結果他回信說，我們之間的主要差別是：我「顯然還沒有神祕主義者的成分」。我不知道，他在什麼時候不再認爲我一定會成爲一位神祕主義者。但是，雖然他的見解和我的見解在以後幾年中有了相當的改變，我們卻並沒有比認識的最初幾年更接近彼此的思想模式。無論如何，我並不認爲自己有資格判斷卡萊爾。我認爲他是詩人，而我並不是；他是一個有直覺的人，而我不是。因此，他不僅在我之前早就看清了很多以下這樣的事情：當他對我指出這些事情時，我只能慢吞吞去尋求，然後加以證明。並且他也很可能看出很多以下這樣的事情：甚至當他對我指出這些事情之後，我還是看不出來。我知道自己無法看清他，也無法確定自己能超越他。我不敢很明確地判斷他，除非有一個人，相當優越於我們兩人⑥，幫助我詮釋他——而這個人比他更是一位詩人，比我更是一位思想家，其心靈和本性包含了他的心靈和本性，還有無數的心靈與本性。

在我往昔所認識的聰明人物之中，觀點跟我最一致的是奧斯汀兄弟中的哥哥。我已經提到，他經常反對我們早期的宗派主義；而以後，他跟我一樣受到新的影響。他被任命爲倫敦大學（現在的大學學院）的法理學教授，有一段時間住在波昂，爲他的演講進行研究工作。德國文學、德國民族性和社會狀態的影響力，使他的人生觀有了很明顯的改變。他的

⑥ 即哈麗特·泰勒，之後成爲彌爾的妻子。——譯註

個性變得比較溫和，比較不好戰、不好辯。他的品味開始轉向詩與沉思。他比以前較不看重外在的變化——除非外在的變化伴隨內在性情較美好的薰陶。他非常不喜歡英國人的生活所表現的一般性卑俗取向、缺乏開闊的思想和不自私的慾望，以及各階層英國人的才能所針對的低下目標。他甚至也很輕視英國人所關心的那種公益。他認爲，在普魯士的君主政治之下，比在英國的代議政府之下，政府表現得更加實際，更加賢明，更加關心各階層人民的教育和心智改善（這一點是非常眞實的）。他跟法國「經濟主義者」一樣認爲：眞正保證政府賢明的條件是「開明的人民」，而開明的人民並不總是大眾性制度造成的結果；如果不用有大眾性制度就可以有開明的人民，那麼，開明的人民會比大眾性制度更加做好工作。雖然他贊成「改革法案」，但是，他卻提出預言（並且預言事實上實現了）：這個法案不會在政府方面促成很多人所期望的重大和即刻的改進。他說，這個國家之中並沒有人能夠做這些偉大的事情。他和我之間有很多共同點——無論是在他所採行的新見解方面，或者是在他所保留的舊見解方面。他像我一樣一直是一位功利主義者，儘管喜愛德國人，喜歡他們的文學，卻一點也不滿足於本質形上學。他越來越培養一種德國宗教，一種詩和感覺的宗教，幾乎不具有明確的教條。在政治上我跟他最爲不同，他對於大眾性制度的進展，表現得很冷漠，瀕臨輕蔑的程度。不過，他卻對社會主義的進展感到心喜，視之爲達到以下這個目標最有效的方法——迫使有權力的階級去教育人民，把不斷改善物質條件的唯一眞實方法灌輸給人民，那就是，限制人口的數目。他在此時並沒有在基本上反對一個事實：社會主義本身是社會改善所造成的最終結果。他很輕視他所謂的「政治經濟學家的人性普遍原則」，並且堅持歷史和每日經驗所提供的證據——「人性的非凡可撓性」（我是從他作品的什麼地方借用這個詞語）。他也不認爲，我們可能斷然地限制道德的潛能，因爲在社會和教育影響力的開明指導下，道德的潛能可能在人類之中自我展現。我不知道他是否至死都抱持這些見解。他晚年的思想模式，尤其他最後出版的作品中所顯示的思想模式，就其一般性質而言，確實比他在此時所表現的思想模式，更加具有保守派的成分。

我覺得自己此時跟父親的思想和感情傾向有很大的差距：就算我以充分和冷靜的方式，對於我自己和我父親兩方面加以說明和再斟酌，也無法顯示出實際存在的差距。然而，如要以冷靜和充分的方式說明父親的學說的基本要點，那也是不可能的，至少就我而言是不可能的，因爲他可能認爲我多少離棄了他的標準。很幸運的是，我們對於當時的政治問題——占據他的興趣和談話的大部分——幾乎總是意見相當一致。至於我們在意見上不同的那些涉及見解的問題，我們則很少談及。他知道，我的獨立思考的習慣（他的教育模式所培養出來的）有時導致我與他見解不同，並且他也時常意識到，我並不經常告訴他我們的見解是「如何」不同。我認爲，討論我們之間的見解差異，對我們兩人並沒有好處，只會引起痛苦。我不曾說出我們之間的見解差異，除非有一種情況，那就是：他以某一種方式說出一種意見或感覺，跟我的意見或感覺不一致，而如果我保持沉默，就會顯示出我很不坦白。

我還要談到我在這幾年之中所寫的東西。就算不包括我在報紙上所寫的文章，這部分的文章也是相當多的。在一八三〇年和一八三一年，我寫了五篇論文，以後以「論政治經濟學一些未解決的問題」爲名發表，幾乎就像現在的面目——除了在一八三三年，我部分重寫了第五篇。寫這些文章時並沒有想要即刻出版。幾年之後，我把這五篇文章交給一位出版商，他拒絕了。這五篇文章是在一八四四年《邏輯體系》一書獲得成功後，才出版的。我也再度思索「邏輯的體系」的問題，並且跟我之前的其他人一樣，藉著一般的推理去苦思「發現新眞理」的大弔詭。至於這個事實，那是不可能有懷疑之處的，就像不可能懷疑以下這件事：一切的推理都可以分解成三段論法，並且在每一種三段論法之中，結論實際上是包含和暗示在前提之中。既然結論是包含和暗示在前提之中，它怎麼可能是新眞理？而幾何學的定理，在外表上很不同於定義和公理，它們怎麼可能包含在這些定義和公理之中？——這是一個難題，我想沒有人曾充分地感覺到這個難題，並且無論如何沒有人曾澄清這個難題。華特雷（Whately）和其他人所提出的說明，雖然可能暫時令人滿足，卻總是在我心中留下一層迷霧，籠罩著這個問題。最後，我第二次或第三次閱讀杜嘉德·史都華（Dugald Steward）的著作的第二冊論「推理」的幾章，自己質問自己每個要點，並且就自己所知，追究此書所暗示的每一個思考論題，於是，我想到史都華的一個觀念，是關於推論中公理的使用。我不記得自己以前曾注意到這個觀念，但是如今沉思這個觀念，卻認爲它不僅就公理而言是眞實的，而且就所有一般的命題而言也是眞實的，並且，這個觀念又是解決整個困境的要鑰。從這個胚芽中，成長出我在第二冊的《邏輯體系》中所提出的三段論法理論。我立刻把這個理論寫出來，銘記於心。此時，我更加希望能夠寫一本論「邏輯」的書，具有獨創性和價值，於是，我開始寫「第一冊」——所根據的是自己已經寫成的粗略和未完成的草稿。此時我所寫的部分，就變成此後的「論文」那一部分的基礎——除了沒有包含「類的理論」，因爲這部分是後來加上去的，是我第一次嘗試擬定「第三冊」結論幾章的論題時，遇到一些本來不能解決的困難，於是想到了「類的理論」。此時，我停了下來，一停就是五年。我已經到了智盡技窮的境地；此時，我在「歸納法」方面無法有令人滿意的表現。我繼續閱讀似乎能夠解決這個問題的任何書籍，並且盡可能利用其結果。但是，有一段長時間，我沒有什麼發現，我沒有發現什麼東西可以爲我開啓很重要的沉思脈絡。

一八三二年，我爲台特（Tait）的《愛丁堡雜誌》的第一系列寫了幾篇論文，也爲一份季刊《法學家》（Jurist）寫了一篇論文。《法學家》是由一群朋友創辦，並經營了一段短時間。這群朋友全是律師和法律改革者，我認識他們其中的幾位。我爲這份雜誌所寫的那一篇論文，是論國家在涉及「法人和教會財產」時的權利與義務，現在是論文集《論文與討論》（Dissertations and Discussions）中的第一篇。我爲台特的雜誌所寫的一篇文章〈通貨戲法〉，也出現在這本論文中。在這之前所寫的所有文章之中，沒有一篇具有足夠永恆的價值，沒有理由重印。我仍然認爲，發表於《法學家》之中的那篇論文，很完整地討論了有關「國家」對於「基金」的權利，顯示了我自己兩邊的見解，並且以我在任何時候所會採取的堅定立場主張一個學說，那就是：所有捐贈的基金都是國家的財產，政府可以（也應該）控制。但是，我並沒有譴責捐贈的基金本身（我以前是會這樣做的），也沒有建議應該以捐贈的基金來付國債。相反的，我大力強調擁有教育預備金的重要性；這種預備金不僅僅依賴市場的需求，也就是說，不依賴一般父母的知識和識別力，而是旨在建立和維持一種較高的教導標準——比物品的購買者可能自然要求的還高。我以後整個思省的過程，都堅定和強化了所有的這些見解。

第六章　一生中最珍貴的友誼

——父親之死到一八四〇年為止的作品及其他行事

就在我的精神進展的這個時期中，我交上了一個朋友，是我一生的榮幸，也是我一生主要的幸福所依，同時又是一種原動力——我以後爲了改善人類而努力去做的事情，或者希望獲得的成果，大部分都是源自這種原動力。我第一次經人介紹認識這位女士是在一八三〇年，當時我二十五歲，而她是二十三歲。經過二十年的交往，她終於同意成爲我的妻子。這等於是我與她的第一任丈夫的家庭重敘了一段古老的友誼。她的第一任丈夫的祖父，住在我父親位於紐文頓綠地的房子隔壁，我小時候時常被邀請到這位老紳士的花園遊玩。這位老紳士是古老蘇格蘭清教徒的美好典型——嚴格、嚴厲、有權威，但是對於小孩子很仁慈；這樣的男人會使小孩留下永不抹滅的印象。雖然在我被介紹給泰勒（Taylor）夫人之後，還要經過幾年之後，才與她形成親近的友誼，但是我卻不久就感覺到，她是我所曾認識的人之中最可佩的一位。這並不是說，她當時就已經像她以後那樣美好了，或者說，凡是屬於我第一次看到她時的年紀的任何女人，都可能已經像她以後那樣美好了。她尤其不可能是這樣的，因爲就她來說，自我改善——最高意義以及所有意義而言的進步——是支配她的性情的一項律則，也是一種必然性。這種必然性是源於以下的事實：她熱心地努力自我改善，同時心智也有一種自然傾向，也就是說，她的心智每次接受一種印象或一種經驗，總是會使之成爲增加智慧的來源或機會。在我第一次看到她的時候，她那鮮明又強烈的性情，已經依照女性天賦的普遍類型首先自我顯示出來。就外在而言，她是美麗而機智的女人，表現出一種自然不凡的儀態，所有接近她的人都感覺出來。就內在而言，她的感覺深沉又強烈，智力敏銳又透露直覺，性情顯然很喜歡沉思又很詩意。她很早的時候就嫁給一個非常正直、勇敢又可敬的男人。這個男人具有自由的見解，受過良好的教育，但卻沒有知性或藝術的品味，無法成爲她的伴侶。不過，他卻是她的一位忠實而深情的朋友。她一生都對他表現出眞正的敬意與最強烈的感情；他去世時，她哀痛逾恆。由於她不擅長社交，所以無法在行動中充分發揮自己最高的才能，影響外在的世界。她的生活是一種內在的省思，並且與一小群朋友親密地交往，以爲調劑。在這小群朋友之中，只有一個人（已去世很久）①是一位天才，或者說，感覺的能力或智力與她類似。但是，所有的朋友在想法和見解上，都多多少少跟她站在同一邊。我很幸運能夠進入這個圈子，並且不久就意識到，她擁有各種特性。其實，只要我在所認識的其他人之中發現其中一種特性，就很高興了。她完全沒有任何的迷信（也不會迷信地把虛假的完美歸之於自然和宇宙的秩序），她認眞地反抗很多仍然屬於既定的社會制度的現象。這種情況並不是歸因於她的智力很冷酷，而是歸因於她高貴的感情很有力量；並且這種情況也與一種高度虔敬的性情和諧一致。就一般的精神特性而言，以及就脾性和有機特性而言，我時常將當時的她跟雪萊（Shelley）加以比較。但是，在思想和智力方面，就雪萊的才能在短短的一生發展的程度而言，跟她最終的境界相比，只不過是孩童而已。在最高貴

---

① 即作曲家伊莉莎・佛洛爾（Eliza Flower）。——譯註

的思想領域裡，以及在對日常生活的最細微和實際的關照中，她的心智都是同樣完美的媒介，直入事物的核心和精髓，經常捕捉住基本的觀念或原則。她的神經機能和精神機能，充分表現出同樣的準確和快速作用，加上感覺和想像的資賦，使她很適合成爲一位完美的藝術家，就像她熱烈而又善感的靈魂，加上她有力的流利口才，確實會使她成爲一個有名的演說家。還有，她對人性的深刻了解，對於實際生活的洞識和睿智，也會使她成爲傑出的人類統治者——如果女人能夠從事這方面的事業。她的智力天賦確實只有助於她的道德性格。她的道德性格是我一生之中所曾見過的最高貴又最平衡的那一種。她的不自私不是源自學習來的責任體系，而是源自內心。她的內心完全認同於別人的感情，時常過分體貼別人，在想像中以自身強烈的感情圍繞別人的感情。本來，她對於正義的熱情，可以說是她最強烈的感情，不過，她又表現出無止盡的寬大心胸，也有一種愛意隨時準備傾瀉在任何或所有人類身上——只要他們能夠回報以最微量的感情。她其餘的道德特性自然伴隨著這些理智與感情的特質：最眞實的謙遜結合以最高貴的自尊；絕對的單純和眞誠，表現在所有適合接受這兩種美德的人身上；對於任何卑下和懦弱的行動表示最高度的輕蔑，對於無情或專制、無信或卑鄙的行爲和性格，表示強烈的憤怒；同時以最明確的方式區分「罪惡本身」和只是「被禁止的罪惡」，即區分兩種行動，一種行動證明感覺和性格之中的本質惡劣，另一種行動則只是違反良好或不良的傳統（那些在其他方面表現得可愛或令人讚賞的人，也可能表現出這種違反良好或不良傳統的行動，無論這種行動本身是對或錯）。

能夠在任何程度上，與一個具有這些特性的人進行精神上的交流，對我的發展必定會有一種最有利的影響，只是，其效果是漸進的，並且要經過很多年後，她的精神進展和我的精神進展，才在最後所臻至的完全友誼中向前推進。我所獲得的益處，遠比我可能希望施予她的益處更大。不過，她最初是藉由那種透露強烈感覺的道德直覺，來形成自己的見解，而我則是藉由研究和推理獲得很多同樣的結果，所以，她無疑可以從我身上獲得鼓勵和助力。並且，由於她的智力成長迅速，她的精神活動把一切轉變成知識，所以，她無疑從我身上（就像從其他人身上）獲得很多材料。我在智力方面歸功於她的，如果加以細分，幾乎是無止境的；如果概括地說，幾句話就可以讓人有一個概念（只是不完整）。有些人，像所有最優秀和最明智的人類一樣，不滿足於人類的現狀，他們的感情完全認同於人類生活的激進改革。對於這些人而言，有兩個主要的思想領域。一個領域是最終目標的領域——最終目標是人類生活可實現的最高理想的構成因素。另一個領域則是即刻有用和實際上可達到的領域。在這兩方面，我從她身上所獲得的教益，勝過從其他來源所獲得的教益的總合。說眞的，眞正確定不移的本質，主要是存在於這兩個極端之中。我自己的優勢全在於不確定和不可靠的中間領域，也就是理論的領域，或道德和政治科學的領域。我是以任何的形式——無論是政治經濟學、分析心理學、邏輯、歷史哲學，或其他的——獲致或創始有關理論領域的結論。就這一點來說，我在知性方面有不少要歸功於她：我從她那兒獲致一種明智的懷疑精神。這種懷疑精神並沒有阻止我以正當的方式發揮思想的能力，獲致可能的任何結論。這種懷疑精神只是使我顯得小心謹慎，不致表現出不適當的信心（不適合這種思索的本質），去主張或宣布那些結論。這種懷疑精神也促使我的心智不僅去接受較清晰的認知和較有力的證據，而且急於懷抱和尋求這種認知和證據——甚至在我最常沉思的問題上也是如此。我時常得到別人的讚美（其實我不完全值得這樣的讚美），讚美的理由是：比起同樣專心於概論的大部分思想家而言，我的作品表現出較大的實際性。我的作品中表現出這種特性，但並不是我的心智的成果，而是兩人的心智結合的結果，其中一個人的心智對於判斷和察覺現存的事物，表現得非常實際，就像它在預期遙遠的未來時，表現得很高深又大膽。

然而，在這個時期，這種影響力只是幫助我塑造未來性格的諸多影響力之一。我可以眞誠地說，甚至在這種影響力變成我的精神進展的支配性原則之後，它也沒有改變我的方針，只是使我更大膽，同時也更謹慎地在同樣的方向中前進。在我的思想模式中，所曾經發生過的唯一眞正的革命，已經完成。我的新傾向在某些方面必須加強，在另一些方面必須節制。但是，我以後在見解方面的唯一實質改變，是與政治有關的；一方面而言，是在最終的人類遠景中，更加接近有限度的社會主義，另一方面而言，則是將自己的政治理想，從純粹的民主——民主黨派人士一般所了解的民主——轉變爲修訂的民主形式，而關於這種形式，我在《代議政府考察》（Consideration on Representative Government）一書中曾加以陳述。

最後的這種變化發生得很緩慢，始於我閱讀（或毋寧說是研究）德·托奎維爾（De

Tocqueville）的《民主政治在美國》（Democracy in America）一書。此書第一次出現時，我就擁有一本。在這本傑作之中，作者使用了一種因爲較明確，因此也較具決定性的方式，指出民主政治的優點，甚至比最熱心的民主主義者所使用的方式更具決定性。並且，他也同樣明確地指出困擾民主政治——被認爲是大多數人的政權——的特別危機，以高明的方式分析這種危機，但他並不認爲，因爲有這種危機，所以要抗拒他所認爲的人類進步的不可避免結果。他只是認爲，這種危機爲我們指出大眾性政府的弱點、護衛它的方式，以及所必須提供的矯正措施，以便在有利的趨勢發揮作用時，那些性質不同的趨勢就可以得到中和或緩和。此時，我已準備要思考這種特性，並且從這個時候起，我自己的思想也越來越運行於同樣的管道，只是，我在實際政治信條方面的必然修正，經歷了很多年才完成。如果將我的評論文章加以比較，就可以看出這一點，也就是說，將我第一次評論《民主政治在美國》的文章（寫於一八三五年，發表於同一年），和一八四〇年的評論文章（重印於《論文與討論》之中）加以比較，以及將一八四〇年的文章和《代議政府考察》加以比較。

關於「中央集權」這個並行的基本問題，我也因爲研究托奎維爾的著作而有了很大的收益。托奎維爾以有力又理智的方式分析美國和法國的經驗，最爲看重一種情況，那就是：讓人民本身在安全的限度內，儘量進行社會的集體事務，而行政的政治不加干涉，不去取代人民的力量，或支配其運作的方式。他認爲，個別公民的這種實際政治活動，不僅是薰陶人民的社會感和實際智能（這兩者本身很重要，也是賢明政府所不可或缺）的最有效方法之一，並且也是一種特別的中和力量，可以抵消民主政治一些特有的弱點。同時它又是一種必要的保護作用，防止民主政治淪入唯一的專制政治，也是現代世界中眞正的危險——行政的首領專制地統治一群分離的個人，而這群分離的個人雖全都是平等的，但卻全是奴隸。英國在這方面，確實沒有即刻的危險存在，因爲在別的地方，十分之九的內政事務都歸於政府執行，而在英國，則由獨立於政府的力量執行。並且在英國，人民當時（現在也是）不僅對「中央集權」表示理性的反對，而且也表示無理性的偏見。此外，在英國，人民對於政府的干涉所表現的警戒心，變成了一種盲目的情緒，阻止或者甚至抗拒立法當局最有效益的努力，也就是說，阻止或甚至抗拒立法當局糾正地方自治的弊端——自稱是地方自治，其實時常就是瀆職而又心胸狹窄的地方少數獨裁者，以自私的方式不當地處理地方的利益。但是，大眾在反對「中央集權」時，越確定會犯錯，危險也就越大——賢明的改革者也許會落入相反的錯誤，疏忽一些害處，因爲他們對於這些害處不曾有過痛苦的經驗。就在此時，我自己曾積極辯護一些重要的法案，諸如一八三四年的重大「窮人法律修正案」。我積極地辯護這個法案，反抗那種基於「反中央集權」的偏見的無理性喧囂。但因爲我從托奎維爾的作品中學得了很多，所以我並沒有像我之前的很多改革者一樣，草率地採取極端的態度，反對另一個極端，雖然這個極端在我自己的國家之中很普遍，我通常都會去抗拒它。事實上，我在這兩個極端所代表的錯誤之間小心地衡量。無論我是否已經非常準確地將兩種錯誤加以區分，至少我是同樣強調兩方面的弊端，並且認眞地研究出方法，以使兩方面的益處和諧一致。

在這同時，英國也舉行了第一次改革後的議院選舉，結果議院選進了我的幾位最出名的激進派朋友和相識者：格羅特（Grote）、羅布克（Roebuck）、布勒（Buller）、威廉・莫雷斯渥茲爵士（Sir William Molesworth）、約翰・隆米利（John Romilly）和愛德華・隆米利（Edward Romilly），以及其他幾位；除外，華布頓（Warburton）、史楚特（Strutt）以及其他人，已經進入議院了。那些自認的理智激進分子（他們的朋友也這樣稱呼他們），處在比以前更有利的地位，很有機會顯露自己的才華。父親和我都在他們身上寄以厚望，但卻註定要失望。在表決意見時，這些人很誠實，忠於自己的見解；儘管受到挫折，還是時常如此表現。如果所提出來的法案顯然牴觸他們的原則，例如：一八三七年的「愛爾蘭強制法案」，或「加拿大強制法案」，他們都表現得很果斷，勇敢地面對敵意和偏見，並沒有遺棄正義。但是，整體而言，他們並沒有提倡任何的見解；他們沒有什麼進取精神，沒有表現什麼活動力。他們把領導議院激進分子的任務留給老議員，留給休姆（Hume）和奧康內爾（O'Connell）。然而，我必須說，還是有一、兩個年輕的議員是例外。就羅布克來說，他值得被人永遠記憶，因爲他在進入議院的第一年之中，發起（或者說在布洛罕〔Brougham〕先生的努力失敗後，重新發起）議院的「全國教育」運動，並且他也率先爭取（並且在幾年之中，幾乎獨自一人持續爭取）殖民地的自治。其他的人都沒有做出大體上足以媲美這兩件事的偉業，甚至那些最令人期盼的人也沒有做出這樣的事。我現在冷靜地回顧，覺得這些人並不像我們所認爲的那樣應該受到譴責；我們對他們的期望太大了。他們處在不利的環境中；他們註定置身於那代表「必然的反應」的十年之中。在這十年之中，「改革」的熱情已經過去，大眾所要求的少數立法改革已經迅速完成，權力朝著自然的方向回歸，回歸於那些贊成維持現狀的人。在這十年之中，大眾的心靈渴望獲得靜養，比停戰以後的任何時期，更不欲想進行新奇的活動，追求新鮮的事物，喚起改革的情緒。當國人處在這種心情時，如要藉著議院的討論完成眞正重大的事情，那就需要一個偉大的政治領導者。但是沒有人成爲這樣的領導者，並不是任何人的錯。父親和我希望有一個能幹的領導者出現。這個領導者是一個在哲學上有成就的人，並且具有大眾性的才賦，能夠鼓舞很多較年輕或較不傑出的人，讓他們樂於追隨他——能夠使他們發揮才賦，爲眾人揭示進步的觀念——能夠利用下議院，作爲一處講壇，或者作爲一種教師的講座，藉以開導和刺激大眾的心智。他會迫使維新派人士從他身上學得各種措施，或者他本人會從改革派手中接掌領導權。如果我父親進了議院，他就會成爲這樣一個領導者。由於缺乏這樣一個人，所以開明的激進分子就淪落了，只成爲維新黨的「左翼」。我有一種強烈的感覺——現在想起來，我有一種誇張的感覺，那就是，只要激進分子爲自己的見解，表現平常的努力，那麼，他們就有希望。我就在這種感覺的驅使下，從這個時候開始努力，一直到一八三九年。我以個人的力量影響其中一些人，也寫些文章，讓他們腦中有觀念，讓他們心中有目標。我的努力在查爾斯・布勒（Charles Buller）身上，以及在威廉・莫雷斯渥茲爵士（Sir William

Molesworth）身上，發生了一些作用；他們兩人都做了一些有價值的事情，但是很不幸，他們幾乎在開始發揮作用的時候就去世。無論如何，我的努力整體而言是枉然的。只有處在不同於我當時的地位，我才會有成功的機會。要做這個工作的人，本身必須是議院的一員，能夠在日常的商談中與激進分子打成一片，能夠自己採取主動，不敦促別人去領導，反而能夠號召別人跟隨他。

凡是以寫文章的方式可以做成的事情，我就以寫文章的方式去完成。一八三二年，我繼續與方布蘭克同在《檢查者日報》工作。當時，方布蘭克熱心於擁護激進主義，反對維新派的內閣。在一八三四年的議會會期之中，我爲文評論時事，屬於報紙文章的性質（總題是《報紙筆記》），發表在《每月寶庫》上。《每月寶庫》是由胡克斯（Fox）先生所主持的一份雜誌。胡克斯先生是知名的傳道者與政治演講家，以後成爲代表歐罕地方的議員。我當時認識他不久，在他的雜誌寫文章，主要是爲了他。我在他的雜誌上寫了其他幾篇文章，最重要的一篇（論詩的理論）重印在《論文與討論》之中。我從一八三二年到一八三四年所發表的文章（不算發表於報紙的文章），可以集成一大冊。然而，其中包含了幾則柏拉圖對話的摘要，加上引言。這些文章雖然一直到一八三四年才發表，但卻早在幾年前寫好了。我以後在不同的場合發現，讀過這些文章（並且知道其作者）的人相當多，知道我到那時爲止所寫的其他文章的人反而少。我可以再補充一件事，結束有關我在這個時期的作品的敘述。一八三三年，布爾威（Bulwer）正要完成他的《英國與英國人》（這部作品在當時未出版先轟動），我應他的要求，爲他寫了一篇文章，評述邊沁的哲學。他把其中的一小部分合併在他的著作之中，把其餘的部分歸爲「附錄」（他表示謝意，爲我增光）。在「附錄」之中，除了我對邊沁的學說（我把它視爲完整的哲學）的有利評斷之外，也有一部分不利的評斷，都是第一次印成文字。

但是，有一次機會不久就出現了，使我能夠比先前更有效地幫助（也更有效地刺激）「哲學的激進」派。父親和我，以及經常到父親家的一些議院激進分子和其他激進分子之間，經常談論到一個計畫，那就是創辦一份鼓吹哲學激進主義的定期雜誌，來取代《西敏寺評論》當初意在占有的地位。計畫進行得很深入，討論到金錢捐獻的可能來源，也討論到主編的選擇。然而，有一段時間卻沒有什麼成果。不過，到了一八三四年夏天卻有了起色。威廉·莫雷斯渥茲爵士本身是一個勤勉的學者，也是一個嚴謹的形而上思想家；他能夠藉著筆桿，也能藉著金錢仗義相助。一八三四年夏天，他自動提議辦一份雜誌，條件是：我同意當眞正的主編（如果不能當表面的主編）。這樣的提議是不能拒絕的，於是，雜誌就創辦了。雜誌的名稱是《倫敦評論》，以後則是《倫敦與西敏寺評論》，因爲莫雷斯渥茲已經向《西敏寺評論》的老闆湯普遜（Thompson）將軍買下該雜誌，將兩份雜誌合而爲一。在一八三四年和一八四〇年之間，這份雜誌的工作，占據了我大部分的空閒時間。最初，這份雜誌整體而言並不代表我的見解。我需要對無法避免的夥伴相當地讓步。這份雜誌的創立，是爲了代表「哲學的激進主義者」，而我當時在很多基本要點上，跟他們中大多數的人意見不合，並且我甚至不能宣稱是他們之中最重要的一員。我們全都認爲，父親一定要合作，爲雜誌寫文章，而他也確實爲雜誌寫了很多文章，一直到他最後生病，不能動筆。他的文章的論題，加上他在文章中表達意見時顯示出力量與果斷，所以雜誌最先的風格和格調都是得力於他，而不是得力於其他作者。我對他的文章無法發揮編輯的支配力量，有時，我不得不爲了他而犧牲我自己的文章。如此，幾乎沒有改變的《西敏寺評論》舊宗旨，就形成了這份雜誌的要素。但是我希望，除此之外，再引進其他觀念和另一種風格，並且在相當程度上陳述我自己的見解，以及其他成員的見解。在這個主要目標的導引下，我有了一些奇特的構想。其中之一是：每一篇作品都要有一個首字母，或者其他簽名，並且只表達個別作者的見解；主編只負責決定文章是否值得刊登，注意文章不與創辦雜誌的目標有所牴觸。我有機會爲自己的第一篇文章選擇一個題目，實現我的計畫，即調停新舊的「哲學激進主義」。色威克（Sedgwick）教授是自然科學某一部門的傑出人物，但是他不應該撈過界，侵入哲學領域之中。他剛出版《論劍橋的研究》（Discourse on the Studies of Cambridge）。此書的最明顯特色是：過分地攻擊分析心理學和功利主義道德——以攻擊洛克（Locke）和巴雷（Paley）爲其形式。此事使得父親和其他人相當憤慨，我認爲他們的憤慨相當有理由的。我覺得這是一個機會，讓我能夠駁斥一次不公正的攻擊，同時又能夠加入很多意見，爲哈特雷主義和功利主義辯護。我加入的意見都是我對於那些問題的觀點，不同於我的舊時夥伴的觀點。這一點，我獲得部分的成功，只是由於我跟父親的關係，如果我在此時說出有關這個問題的所有想法，對我而言無論如何是會很痛苦的，何況，父親爲這份雜誌寫文章，要我在這樣一份雜誌中說出自己所有的想法，那是不可能的。

無論如何，我現在認爲，父親當時並沒有那樣反對我的思想模式——雖然我認爲自己的思想模式不同於他。他無意識地誇張了一種相當有爭論成分的智力，如此不公正地判斷了自己的見解。他在沒有對手的情況下思考，卻願意爲自己似乎否認的大部分事實讓步。我經常觀察到：他實際上相當地體諒那些在他的理論中不占一席之地的意見。雖然我相當讚賞他的《馬金托斯斷想》——大約寫於此時，也大約在此時發表——中的一些部分，但是整體來說，我是以痛苦而不是愉悅的心情閱讀此書。然而，在很久之後重讀此書，我發現它所包含的意見，幾乎都是我認爲大致公正的意見。我甚至能夠同情他對於馬金托斯的冗詞所表示的厭惡，只是他對於馬金托斯的冗詞所表現的嚴酷，不僅不明智，並且也不公正。我認爲此時有一件事是一種好徵兆，那就是，他對於托奎維爾的《民主在美國》表示好評。他對於托奎維爾贊成民主政治的部分，所談的和所想的都比較多，而對於托奎維爾說及民主政治缺點的部分，則所談的和所想的都比較少，這是事實。尤有進者，托奎維爾處理政府問題的模式，幾乎與父親的模式相反——全然是歸納和分析的，不是純然是推理的，但父親卻高度地欣賞這部作品，這一點對我是很大的鼓勵。他也贊同我發表於兩份雜誌合併後的第一期中的一篇文章，也就是重印在《論文與討論》中的一篇論文，名爲〈文明〉。我在這篇中加進很多自己的意見，以強調的態度批評時代的精神和道德傾向，所根據的理由和所採取的態度，確實不是從父親那兒學來的。

人們推測父親的見解的未來可能發展，推測他和我之間永久合作以傳播我們的思想的可能性，然而，這種推測註定要突然中止。在整個一八三五年之中，他的健康情況一直在惡化。他的徵狀無疑是肺結核方面的，而在拖延到最後階段的生理機能衰弱之後，他終於在一八三六年六月二十三日與世長辭。一直到他生命的最後幾天前，他的智力都沒有明顯的減弱。他一生中對於各種事物和人物的興趣並沒有因此減低。並且，雖然他瀕臨死亡，但對於宗教問題的信念卻未曾絲毫動搖（他的心智強有力而堅定，是不可能動搖的）。在他知道自己的末日不遠時，使他感到最滿足的是：他想到自己曾經做了一些事，爲的是使得這世界比自己所發現的還美好。而他無法再活久一點的主要遺憾是：他沒有時間再做更多的事情。

他在自己國家的文學史——甚至政治史——之中占了傑出的地位。然而，很少有人提到他，並且比起相當不如他的人而言，也很少有人記得他，這對於蒙受他的利益的一代而言，並不是榮譽的事。這種現象可能主要是歸因於兩點。首先，人們對他的記憶過分淹沒在邊沁那種當然勝過他的聲譽之中。然而，他卻絕不只是邊沁的信徒或弟子。就因爲他自己就是當代最有創意的思想家之一，所以，他是最早了解和採行前一代的人所想出的最重要獨創思想的人物之一。在結構上，他的心智基本上不同於邊沁的心智。他不具有邊沁的高貴特性，但是邊沁也沒有他所具有的高貴特性。如果我們讚美他，說他爲人類做出了像邊沁一樣的偉大事情，那當然是很荒謬的。他並沒有促使人類思想的一個偉大層面起了革命，或者說，他並沒有創造出人類思想的一個偉大層面。但是，縱使不算他受益於邊沁的那部分努力成果，只考慮他在邊沁不曾有表現的領域——分析心理學——之中的成就，後代的子孫也會知道，他是這個最重要的思想分支中最偉大的名字之一（所有的道德和政治科學，最終都依賴這個最重要的思想分支），並且他也將代表這個最重要的思想分支在進展過程中的一個基本階段。關於他沒有實至名歸的另一個原因是：儘管他的很多見解部分經由自己的努力，現在已經一般爲人所採行，但是，整體說來，他的精神和現代的精神之間，還是有一種明顯的對立。就像布魯特斯（Brutus）被稱爲是最後一個羅馬人。同樣的，父親也是十八世紀最後一個人：他把十八世紀的思想和情操風格延續到十九世紀（但是經過修正和改進），沒有沾染上十九世紀前半期的重大特點（對十八世紀的反動）的好影響或壞影響。十八世紀是一個偉大的時代，是強人和勇者的時代，而他是其中最強和最勇敢的人的合適夥伴。藉著他的作品和個人影響力，他成爲自己那一代的美妙亮光中心。在他的晚年中，他是英國激進知識分子的首領和領導者，就像伏爾泰是法國哲學的首領和領導者。他首創健全的政治藝術，實施於印度，而印度也是他規模最大的著作所研究的主題；這一點只不過是他的次要功績之一。他一向都以有價值的思想去豐富他所寫及的每一個問題。《政治經濟學要義》在最初寫成時，是一本很有用的書，但現在它完成任務已經有一段時間。除了這本《政治經濟學要義》之外，他的任何一本著作都將要經歷很久的時間，才會完全被其他作品所取代，才不再成爲研究有關問題的學者的有益讀物。他能夠以純然的心智和性格力量去影響別人的信念和目標，並且努力發揮這種能力，促進自由和進步。就這方面而言，據我所知，他自認沒有人足以與他倫比——除了女性之中有一人②。

父親由於自己的一些特性而表現出個人優勢。雖然我強烈地意識到自己在這些特性方面不如他，但是，我此時只有在不依賴他的情況下，努力去完成可能完成的事情。《倫敦與西敏寺評論》是我藉以確立主要的希望的工具，而我主要的希望就是：對於自由和民主的大眾心智發揮一種有用的影響力。雖然沒有父親來助我一臂之力，但是我也不必因為訴求他的助力而受到限制和壓抑。我不認為自己必須去順從其他激進作家或政治家，以致於不符合自己的見解。在得到莫雷斯渥茲的完全信任後，我決定從此以後充分發揮自己的見解和思想模式，並且把《倫敦與西敏寺評論》廣泛地開放給所有同情「進步」（就我對「進步」的了解而言）的作家，縱使我會因此失去從前夥伴的支持，也在所不惜。因此，卡萊爾從這個時候起，經常為這份雜誌寫文章；史特林不久之後也偶爾為這份雜誌撰稿。雖然每篇個人的文章都繼續表達作者私人的想法，但一般的風格，都在某種相當的程度上符合我的見解。為了經營這份雜誌，我結交了一位年輕的蘇格蘭人，讓他成為我的手下，並且與我合作無間。這個年輕人的名字叫羅伯遜（Robertson），他有能力，也有見識，很勤勞，頭腦很有點子，

---

②即彌爾的妻子。——譯註

想了很多方法來促銷這份雜誌。由於他在這方面有能力，我建立了相當的信心。一八三七年初，莫雷斯渥茲不願再把虧損的雜誌辦下去，想要把它脫手（他的本份工作做得很有光采，花費了不少錢），於是，基於我自己的金錢利益，更因爲我信賴羅伯遜的足智多謀，我就很輕率地決定冒險，讓這份雜誌持續下去，讓羅伯遜的計畫有機會接受相當的考驗。羅伯遜的方法很美好，我沒有理由改變我對這些方法的看法。但是，我不認爲有什麼方法可以使得一份激進又民主的雜誌支付自身的費用，包括支薪的主編或副主編，以及付給作者優厚的稿費。我自己和幾個經常爲這份雜誌寫文章的人，爲這份雜誌免費服務，就像我們爲莫雷斯渥茲免費服務一樣。但是，我們繼續以《愛丁堡評論》和《評論季刊》的標準，付稿酬給其他作家。其實，就銷售的收入而言，這一點是做不到的。

在同一年，也就是一八三七年，就在忙著這些工作的同時，我再開始寫《邏輯體系》。我不曾觸及這個問題已經五年，在達到「歸納法」的門檻，就停下來了。我逐漸發現，要克服這部分的問題，我主要所缺少的是：以廣泛又準確的方式觀照整體的物理學。恐怕我要花很長的時間研究，才能獲得這種觀照，因爲我不知道有什麼書籍或其他手冊，能夠爲我指出科學的通則和過程，並且我也擔心自己別無選擇，只有自己盡可能從細節中去選取。很幸運的是，輝威爾（Whewell）博士在這一年初出版他的《歸納科學史》（History of the Inductive Sciences）。我以渴望的心情讀這本書，發現此書相當接近自己的需求。這部作品的哲理有很多部分（就算不是大部分）似乎有缺點，但是書中的材料，可以讓我自己的思想發揮作用，並且作者以最大的程度苦心經營那些材料，大大方便我以後的研究，省了我不少工夫。我得到了自己一直等待的作品。輝威爾博士刺激了我的思想，於是我興沖沖地再度閱讀丁・赫謝爾（Herschel）爵士《論自然哲學的研究》（Discourse on the Study of Natural Philosophy）。我能夠經由自己在這部作品中所發現的很大助力，衡量自己的心智進展——雖然我在幾年前閱讀此書，甚至評論此書，並沒有什麼獲益。此時，我努力在思想中和寫作中擬定著作的論題。我必須從較急迫的事情中騰出時間做這件工作。在這段時間中，我只能利用沒有爲雜誌寫稿的兩個月空檔。在這兩個月之中，我完成著作的大約三分之一——最困難的三分之一——的初稿。我估計以前所寫的部分是另外三分之一，所以只剩下三分之一沒有完成。我在這段時間所寫的東西，包含了「推理」的學說（「推理層次」以及「論證科學」的理論）的剩餘部分，以及「歸納篇」的較大部分。這件工作完成時，我覺得好像解開了所有眞正困難的結，而著作的完成只是時間的問題。進展到這個程度，我必須停下來，以便爲雜誌的下一期寫兩篇文章。兩篇文章寫就後，我又回到自己研究的論題上，並且第一次看到了孔德（Comte）的《實證哲學講義》（Cours de Philosophie Positive），或者說是當時已經出版的其中兩冊。

在還不知道孔德的著作之前，我的「歸納法」理論實質上已經完成了。我以一種不同於孔德的途徑探討這個理論，這也許是很好的，因爲結果我的論著包含了以下這一部分（而他的著作並沒有包含這一部分）：把歸納的過程化約爲嚴格的律則，也化約爲一種科學性的試驗，就像三段論法之於推論。孔德在「探討的方法」方面，總是表現得很準確，很淵深，但是，他甚至沒有嘗試以嚴謹的方式去界定證據的條件，並且他的作品也顯示出：他不曾對證據的條件有正確的觀念。然而，這卻是我在處理「歸納法」時，對自己所提出來的特別問題。無論如何，我從孔德的作品中獲益良多，在以後重寫自己的作品時，充實了其中的幾章，並且，他的著作對於我還沒有想出來的一些部分，也有非常重要的助益。他以後的幾冊連續出版時，我都以渴望的心情閱讀，但是，當他處理「社會科學」的問題時，我的感覺卻不同。第四冊使我很失望，其中包含了他對於社會問題的見解，而我最不同意他在這方面的見解。但是，包含相關歷史觀點的第五冊，卻重新燃起我的所有熱情；第六冊（或最後一冊）並沒有實質上減低我的熱情。如純以邏輯觀點來說，我歸功於他的唯一重要觀念是「逆反演繹法」的觀念——主要可應用於「歷史與統計學」的複雜問題。這種方法之異於較普通形式的「演繹法」是在於：它不是藉由一般的推理獲致結論，不是藉由特殊的經驗來證實結論（這是物理學演繹分支中的自然順序），而是藉由整理特殊的經驗，以獲致通則，藉由確定通則是否源自已知的一般原則，以證實通則。當我在孔德的著作中發現這個觀念時，它對我而言是全新的；如果不是因爲孔德，我可能不會很快就獲致這個觀念（如果有獲致的話）。

在跟孔德通信之前，我早就非常讚賞孔德的作品。我一直到最後都沒有親自見到他，但是，有幾年的時間，我們經常通信，一直到我們在通信中爭論起來，熱情變得冷淡。是我先在通信中疏懶起來，而先停止通信的則是他。我發現（他可能也發現）：我對他的心智沒有什麼助益，而他對我的心智的助益，全都藉助於他的著作。如果我們之間的歧異僅限於簡單學理的問題，那麼，此事還不致於導致通信的停斷。然而，我們之間的歧異，卻是在於見解——我們的見解結合以我們最強烈的感情，也決定了我們的抱負的整個方向。我完全同意他所堅持的以下這一點：所有人類（甚至包括支配人類所有實際生活層面的人），必須基於情況的必要，從權威人物那兒接受政治和社會方面以及物理方面的大部分見解，因爲權威人物在這些問題上面所下的研究工夫，超過人類一般所能夠做到的程度。關於這一點，我所已經談到的孔德早期作品，在我心中留下了強烈的印象。在他的偉大論著中，我最讚賞的是，他以傑出的方式闡明以下這個論點：現代歐洲國家，由於在中世紀期間世俗力量和精神力量分離，以及由於精神力量的組織顯得獨特，所以在歷史上蒙受其益。我同意他的見解，那就是，道德和知性的優勢，雖一度爲教士所運用，卻一定會在以後落入哲學家的手中；如果哲學家們足夠意見一致，在其他方面值得擁有這種優勢，那麼，這種優勢自然會落入他們手中。但是，他卻誇張這種思想方向，使之成爲一種實際的體系，在這種體系中，哲學家被組織而成一種團體的階級制度，被賦予天主教教會所一度擁有的幾乎同樣的精神至尊（只是不具任何世俗的力量）。我也發現，他依賴這種精神的權威，視之爲賢明政府的唯一保證，視之爲反抗實際壓迫的唯一壁壘，並且希望藉著這種精神的權威，使得國家中的一種專制體系，以及家庭中的專制，會變得無害而有益。於是，雖然我們兩人身爲邏輯家的意見幾乎一致，但是，身為社會學家卻無法有進一步的進展——此事並無令人驚奇之處。孔德先生在有生之年得以完全實現這些學說。他在最後的著作《實證政治學體系》（Systeme de Politique Positive）之中，計畫出最完整的體系，也就是「精神和世俗的專制」的最完整體系——除了伊格納斯・羅耀拉（Ignatius Loyola）的頭腦之外，沒有人類的頭腦能夠想到這樣完整的體系。藉著這種體系，輿論所形成的束縛力量，由一群有組織的精神教師和支配者所掌握，將君臨社會中每一個成員的每一種行動，以及就人類能力所及，也將君臨社會中每一個成員的每一種思想——無論就涉及成員本人的事情而言，或就關係到別人的利益的事體而言。我們可以公正地說，在很多方面，《實證政治學體系》都相當勝過孔德以前論及同樣問題的作品。但是，就對社會哲學的貢獻而言，我認為這部作品所具有的唯一價值是——它消除了一種觀念，使人們不再認為，一定要有宗教信仰的助力，才能在社會之上維持有效的道德權威。孔德的著作並不承認宗教——除了「人性」這種宗教，然而他的著作也表現一種不可抗拒的信念，那就是，任何的道德信念，只要是以一般的方式由社會促成，都可能用來影響各個社會成員的整體行為和生活，其力量和潛能想起來確實驚人。這部著作代表了對社會和政治思想家的一種歷史性警告：一旦人們在思考中昧於「自由」和「個性」的價值，就會有什麼後果發生。

現在再回到我身上：《倫敦與西敏寺評論》又有一段時間，占去了我能夠用來寫作，或用來思考寫作問題的幾乎所有時間。《倫敦與西敏寺評論》的文章——重印於《論文與討論》之中——幾乎不是我所寫的文章中的第四部分。在經營這份雜誌時，我有兩個主要的目標。第一個目標是，使哲學的激進主義免於宗派的邊沁主義的缺陷。我希望保持嚴謹的表達以及明確的意義，輕視那些重修辭的詞語和曖昧的概論（這些都是邊沁和我父親的光榮特點），同時又希望爲激進主義的思考提供較廣大的基礎，以及較自由和溫和的特性。我也想要指出一點：有一種激進的哲學存在，比邊沁的激進哲學更優秀，更完整，同時也認定並結合邊沁的激進哲學中具有永恆價值的一切。關於這第一個目標，我在某種程度上是達到了。第二個目標是：激起議院內外的有教養激進分子，讓他們發揮力量，促使他們成爲我認爲以適當的方法可能成爲的人物——一群有力量的人，能夠治理這個國家，或者至少能夠決定他們與維新派共同掌政的條件。這個目標從開始就是一種幻想，部分是因爲時間不適合，「改革」狂熱正處於消退時期，而保守派的影響力正有力地重振。但是，更重要的是，「國家之中沒有人材」——奧斯汀說得很對。在議院的激進主義分子之中，有幾位足以成爲開明的激進黨的有用成員，但是，沒有人能夠組織並形成這樣一個黨。我針對他們所提出的勸誡，並沒有獲得回應。有一陣子，激進主義似乎有機會大膽而成功地出擊。杜爾罕（Durham）爵士已經離開內閣，一般人認爲是因爲內閣不夠開放。他以後接受內閣所託付的工作，到加拿大去探查加拿大人反叛的原因，並且消除其原因。他開始時身邊有激進派顧問。他最早的措施之一，就意向和效果而言，都是很可取的，但卻爲國內的政府所不贊同，遭到否決，於是他辭去職位，公開與內閣閣員爭論。他是激進派的可能首領，因爲他是一個重要人物，爲保守黨所憎惡，也剛受到維新黨的傷害。凡是對於政黨戰術有最基本觀念的人，一定都會看重這樣一個機會。杜爾罕爵士受到各方面嚴厲的攻擊，爲敵人所痛責，爲膽怯的朋友所遺棄，而那些願意爲他辯護的人，卻不知道要說什麼。他從加拿大回來時，似乎成爲一個受挫又沒有光采的人。我從開始就注意加拿大的政情。杜爾罕有一些激勵他的人，而我則是激勵這些人的人之一。他的政策幾乎正是我所會採取的政策，並且我也能夠爲他的政策辯護。我在《倫敦與西敏寺評論》寫了一篇聲明書，爲了他而採取最高的姿態，不僅宣稱他沒有過失，並且還宣稱他值得讚美與尊重。有很多其他作家立刻採取同樣的態度。杜爾罕爵士在不久以後以溫和的誇張口吻對我說了一句話，我認爲其中有部分的眞理。他說：他到達英國時受到幾乎凱旋式的歡迎，這要歸功於我那篇文章。我認爲自己的文章是適時的建言，在緊急的時候很有助於決定結果；就像一塊石頭在最高峰的狀態中運作，我的文章一觸碰就決定它朝那一個方向滾下。杜爾罕爵士成爲政治家的一切希望，不久就破滅了；但是，關於加拿大人，以及一般而言，關於殖民地政策，目標卻達到了。杜爾罕爵士的報告——由查爾斯・布勒（Charles Buller）寫成，部分受到威克斐（Wakefield）的激勵——開啓了一個新的時代。報告中的建議觸及「完全的內政自治問題」，曾在兩、三年之中在加拿大發揮了充分的作用，並且從此以後，延伸到歐洲幾乎所有的其他殖民地——只要它們具有重要社區的特性。我可以說，由於我在最重要的時刻成功地維持了杜爾罕和他的顧問們的聲譽，所以我相當地有助於這種結果。

在我經營《倫敦與西敏寺評論》期間，發生了另一件事，同樣證明迅速採取主動有其成效。我認爲，我在《倫敦與西敏寺評論》中寫及卡萊爾的《法國大革命》（French Revolution）一書，相當加速了此書早期的成功與聲譽。此書一出版，而平凡的批評家（他們的一切判斷規則和模式與此書扞格不入）還沒有時間表示不贊同，讓大眾有先入爲主的觀念，我就發表了有關此書的一篇書評，讚賞此書爲天才的作品，超越一切規則，本身就是一種律則。無論就此事，或就杜爾罕爵士的事件而言，我都沒有把自己所造成的印象（我想是自己的文章所造成的）歸因於手法的特別優點。至少就這兩件事情中的一件（論卡萊爾的文章）來說，我並不認爲手法很好。並且就這兩件事而言，我都相信，任何一個人，只要他的文章爲人所閱讀，在同樣正確的時間表達同樣的意見，並且相當地陳述了公正的理由，那麼，他都會發揮同樣的效果。我想藉由《倫敦與西敏寺評論》把新生命注進激進的政治中，結果希望完全破滅，但我現在很高興回顧這兩個成功的例子，是眞心想要立刻有助於那些值得幫助的事與人。

在組織一個激進黨的最後希望消失之後，我就不再爲《倫敦與西敏寺評論》花費大量的時間和金錢。這份雜誌作爲我的見解的喉舌，在某種程度上已經達到了目的。它使我能夠以文字的方式表達出我的很多改變過的思想模式，並且以明顯的方式揚棄早期作品的較狹窄邊沁主義。此事的達成是藉著我的作品（包括各種純文學的文章）的一般風格，尤其是藉著兩篇論文（重印於《論文與討論》之中）。這兩篇論文是以哲學的方式評估邊沁和柯律吉。在

第一篇論文之中，我非常公平地評判邊沁的優點，同時指出我心目中他的哲學的錯誤和缺點。我現在仍然認爲這篇批評的本質完全公正；但是我時常懷疑，在當時發表這篇文章是否正確。我時常認爲，就作爲一種進步的工具來說，邊沁的哲學在完成其工作之前，已經在某種程度上爲人所不信任，如果降低其聲譽，只有礙於改進，而不會有助於改進。然而，在對於邊沁主義的優點有一種反反動情況出現的現在，我卻能夠以更滿足的心情看待這篇評論其缺點的文章，特別是，我已經辯明邊沁哲學的基本原則，平衡了這篇文章，將邊沁哲學的基本原則，跟文章本身一起重印在同一本集子之中。至於那篇論柯律吉的文章，我是試圖在其中描述歐洲對於十八世紀消極哲學的反動。如果只考慮這篇論文的效果，人們可能認爲我犯了錯，因爲我過分彰顯有利的一面，就像我在論邊沁的文章中過分彰顯不利的一面。在這兩篇論文之中，我以如虹的氣勢揚棄邊沁和十八世紀的學說中薄弱的部分，而這種氣勢很可能促使我在相反的一方面表現得太過分（雖然只是在表面上如此，實際上並不如此）。但是，就論柯律吉那篇文章而言，我的辯護是這樣的：我是爲激進分子和自由分子而寫，我應該在這方面儘量涉及那些屬於不同派別的作家，因爲激進分子和自由分子可能會因爲了解他們而獲得最大的改進。

登載論柯律吉的文章的那一期《倫敦與西敏寺評論》，是我出資經營的最後一期。一八四〇年的春天，我把雜誌讓渡給希克遜（Hickson）先生。在我經營這份雜誌時，希克遜先生經常免費寫稿，是一個很有幫助的寫稿人。我把雜誌讓渡給他，但講明恢復雜誌的舊名，也就是《西敏寺評論》。在這個名稱之下，希克遜先生經營了十年，只把雜誌的淨利分配給寫稿的人，自己則免費寫稿又編輯。由於稿費低，所以很難羅致寫稿的人，但他卻能夠相當程度地維持雜誌的特性，使它成爲激進主義和進步的機關報，這是非常值得稱讚的。我並沒有完全停止爲這份雜誌寫稿，還繼續不時寄去稿子，但並不完全只爲它寫稿，因爲《愛丁堡評論》的銷路越來越大，促使我從此時起也爲它寫文章——只要我有話要說，而《愛丁堡評論》又似乎是很適當的媒介，我就爲它寫文章。由於《民主在美國》的最後一冊剛出版，所以我就寫了有關這本書的一篇文章，作爲第一次獻給《愛丁堡評論》的禮物，而這篇文章是置於第二冊《論文與討論》中的卷首。

第七章　餘生概觀

從此時起，我生命中值得敘述的事情，其範圍將顯得很小，因爲再也沒有進一步的精神變化可敘述，只有持續的精神進展可以記錄（我是這樣希望）。但這種進展並不容許我連續加以記述；進展的結果（如果是眞實的）將最爲清晰地顯示在我的其他作品中。因此，我將以非常節略的方式依次敘述以後所發生的事情。

與《倫敦與西敏寺評論》脫離關係後，我首先把餘閒用來完成《邏輯體系》。一八三八年的七月和八月，我有一段空檔去進行「第三冊」的原稿仍然未完成的部分。我完成一些自然律（不是因果律，也不是因果律的推論）的邏輯理論，結果體認到「類」（Kinds）在性質上就是實體，不僅是爲了方便而定的特徵。我在寫「第一冊」時並不知道這一點，因此，我必須修正並擴大其中的幾章。論「語言和分類」的那一冊，以及論「謬誤分類」的那一章，是在同一年秋天寫成草稿。從接下來的四月，一直到一八四一年末，我餘閒的時間都用來全部重寫此書——從開始的地方全部重寫。我全部的作品都這樣寫成。我全部的作品都總是至少寫兩次：整個作品的初稿一路完成，然後全部重寫一次；但是在寫第二次的時候，我採用原稿中適合我而不必重寫的句子和句子的一部分。我發現這種寫兩次稿的方法有很大的好處。這種方法比其他的作文模式，更能結合第一次構思的清新有力，加上拖長思想的時間，準確性和完整性也更加優越。尤有進者，就我的情況而言，我發現，一旦整個論題已經寫了一次，並且所要說的要旨已經以某種方式（儘管這種方式多麼不完美）表達在紙上，那麼，雖然需要耐性才能小心地經營，詳細地闡釋和表達，但是，這種耐性卻比較不那麼費勁。我在初稿中，只把一件事很小心地儘量做得很完美，那就是「安排」。如果「安排」不好的話，那麼，觀念藉以自我串連的整個線索，就會變得扭曲。如果以錯誤的方法去連結思想，就無法以正確的方式去說明它。初稿而有這種原始的錯誤，幾乎無法成爲最後定稿的基礎。

在重寫《邏輯體系》的期間，輝威爾博士的《歸納科學的哲學》問世了。這對我而言是很幸運的事情，因爲此書滿足了我很大的欲求（我所欲求的是：有一位對手充分地處理這個問題）；也因爲此書使我能夠以更清晰、強調的方式，以更充分和多變的論述，呈現出我自己的觀念，讓我能夠辯護自己的觀念，反駁明確的異議，讓自己的觀念清楚地面對一個相反的理論。與輝威爾博士的爭論，以及從孔德那兒獲得的很多資料，都在重寫的過程中，第一次引進此書中。

一八四一年末，此書準備付梓，我拿給穆雷（Murray）看，結果他拖了很久，要在那一季出版已太遲。然後他還拒絕出版，理由本來最初就可以說出來，但他卻沒有說出來。然而，我並沒有理由爲這次被拒絕感到遺憾，因爲我又拿給巴克（Parker）先生看，終於在一八四三年春天由他出版。我本來所預期的成功極爲有限。華特雷（Whately）大主教確實恢復了「邏輯」的名字，也恢復了對於「推理」的形式、規則和謬誤的研究；而輝威爾博士的著作開始刺激人們去研究我的論題的其他部分——「歸納法」的理論。然而，我的論著所論及的問題很抽象，不可能受到歡迎，只能成爲學者的書籍，而這方面的學者不僅很少（至少在英國如此），並且又主要都是熱衷於相反的形上學學派——本體論和「本質」學派。因此，我並不期望本書會有很多讀者或者知己。我不祈求本書會發生什麼實際的效果——除了保持我心目中一種較優秀的哲學傳統，使它完整無損。至於我之所以認爲會即刻激起人們的注意，主要是基於輝威爾博士好辯的性向。我觀察輝威爾博士在其他方面的行爲，認爲他也許會採取什麼行動，迅速答辯我對他的見解的攻擊，引起人們對此書的注意。他確實是答辯了，但卻要等到一八五〇年，剛好讓我在第三版回答他。就此種作品而言，我的書怎麼會這麼成功呢？還有，那麼多買此書（我不敢說「讀此書」）的人，都是些什麼人呢？關於這兩個問題，我不曾完全了解。但是，如果跟一個事實聯想在一起，那麼這兩個問題就可以部分了解了。這個事實就是：此後有很多證據顯示出，在很多地方，尤其在大學之中（大學是我最沒有想到的地方），有一種思想的復興（也是一種自由思想的復興）在進行著。我不曾沉迷於幻想中，不曾認爲我這本書對哲學見解造成了相當的影響。德國人對於人類知識以及求知能力的觀點（或演繹觀點），可能還會有一段時間在英國以及在歐陸，支配那些專心探討這個問題的人（只是支配的程度可能緩慢減少）。但是，《邏輯體系》一書卻提供了很爲人們所需求的對象，因爲它是一本提出相反學說的教科書，其中的知識全來自經驗，而道德和知性的特質全都主要來自對於「觀念聯想」的控制。我很謙遜地估計一種情況，那就是：「對於邏輯過程的分析」，或者「任何可能的證據準則」，其本身對於指引或修正理解力的運作會有什麼幫助？我確實認爲，如果結合以其他要件，則「對於邏輯過程的分析，或者「任何可能的證據準則」，是很有用途的。但是，無論有關這些方面的眞實哲學可能會有什麼實際的價值，如果是有關這些方面的虛假哲學，則其危害是相當大的。有人認爲，心智的客觀事實，可以經由直覺或意識來知曉，不依賴觀察和經驗，但是，我此時卻認爲，這種想法在此時是對於虛假學說和不良制度的很大支持力量——知性上的支持力量。藉助於這種理論，每一種根深蒂固的想法，以及每一種強烈的感覺（其本源不爲人所知），都可以不必以理性自我辯護，並且能夠成爲其自身全然自足的保證和證明。以前不曾有人發明這樣一種工具，將所有根深的偏見奉爲神聖。這種道德、政治和宗教上的虛假哲學，其主要的力量在於：它習慣於訴諸數學以及物理學的同源分支的證據。如果將這種虛假哲學從這兩種科學中驅逐出去，就是等於將它從要塞中驅趕出去。由於這一點不曾有效地做到，所以，就表面上以及就出版的作品而論，直覺派整體來說占了議論的上風——甚至我父親在他的《心的分析》中寫出了他的見解之後，情況還是如此。《邏輯體系》一書試圖釐清數學與物理事實的證據的眞正性質，根據以前使得直覺哲學家們顯得無懈可擊的基礎來對付他們。本書也從經驗和觀念聯想中提出自身的說明，說明所謂必要的事實的特殊性質。這種特殊性質被用來證明：所謂必要的事實的證據，必定是來自比經驗更深的本源。這一點是否有效地做到，仍然是未定數。縱使如此，從強烈地根植於人類的偏見和偏心的思想模式中，除去其純然理論性的支持力量，只是消除這種思想模式的一小步。但是，雖然只是一小步，卻是十分不可或缺的一小步。既然我們畢竟只能藉著哲學來對抗偏見，那麼，除非我們證明偏見沒有哲學作爲後盾，不然我們就無法眞正永久抗拒偏見。

此時，我不再積極參與世俗的政治，也不再涉及任何文學工作，不再與寫稿作家及其他人有個人交往，所以能夠儘量按照自己的意願，將社交的對象限於很少數的人——這對於不再存有男孩虛榮心而喜歡思索的人而言，是很自然的事情。如今在英國，一般的社交是很枯燥的（甚至對於造成這種情況的人而言也是如此），所以人們保持這種社交，並不是因爲這種社交會使他們感到愉快。以嚴肅的態度討論意見歧異的事情，被認爲是教養不好，而國人精神不活潑，不喜社交，無法培養「愉快地談論瑣事」的藝術（上一世紀的法國人在這方面表現相當優異），於是，所謂的社交，對於不是居於高位的人而言，所具有的唯一吸引力就是：希望藉著社交爬得高一點；而對於已經居於高位的人而言，則主要是符合習俗，以及符合他們所居的地位的要求。對於思想或感情非屬普通層次的人而言，這樣的社交必定是極爲沒有吸引力的，除非他有個人的目標來支持這種社交。現在，屬於眞正高階級的大部分知識分子，很輕視這種社交，只是偶爾爲之，幾乎被認爲完全從這種社交中退隱。那些在精神上很優越的人，在參與這種社交時，幾乎毫無例外都因此而墮落。不用說浪費時間，感情的格調也降低了。他們對於自己的見解的格調表現得比較不認眞；他們在經常參與的社交之中，必須對於自己的見解保持沉默。他們把自己最高尙的目標視爲不實際，或者，至少認爲它們無法實現，只是一種幻象，或者一種理論。縱使他們比大部分人幸運，保持自己較高的原則於完整無損，然而，在涉及自己時代的人與事時，他們卻不知不覺採用某些感覺模式與判斷模式，希望得到同伴的同情。一個具有高度知性的人不應該參與沒有知性成分的社交——除非他能夠以使徒的身分參與；然而，他卻是能夠安全地參與的唯一具有高尚目標的人。在知性方面有抱負的人，如果可能的話，最好結交在知識、智力和情操方面與他們同等的人，並且盡可能結交在這三方面比他們優越的人。尤有進者，既然性格和心智是基於人類見解的少數要點塑造成的，所以眞正眞誠的人都一直認爲對於這些要點有一致的信念和感覺，才是友誼的基本要件。基於上述所有的因素，我此時所願意結交以及進一步保持親密關係的人，就非常的少。

在這些我願意結交的人之中，最主要的是一位無與倫比的朋友——我已經提到過她。這段期間，她大部分的時間是跟一個年輕的女兒住在鄉下一個安靜的地方，只偶爾跟第一任丈夫泰勒先生住在城鎭。我到鄉下去找她，也同樣到城鎭去看她。她的性格力量使我受益匪淺。正因爲她有這種性格力量，所以她才能夠不顧人們對於她的誤解。她通常都沒有跟泰勒先生住在一起，而我又常去看她，並且我們也時而一起旅行，難免引起人們的誤解。其實，在其他方面，我們那幾年之中的行爲，一點也沒有理由引起別人不眞實的猜測。我們當時彼此之間眞正的關係只是「感情強烈、彼此信賴」而已。雖然我們並不認爲，社會的規範對於這種完全是私人性質的關係具有約束力，但是我們還是覺得我們的行爲不應該傷害到她丈夫，因此也不應該傷害到她自己。

在我的精神進展的這個第三期（可以這麼說）之中，我的精神進展與她的精神進展同時進行，並且我的見解在廣度和深度上都同樣有收穫。我了解更多的事物，而我以前已經了解的事物，此時了解得更透徹。我此時在對於邊沁主義的反動表現中，已經完全揚棄過度的行爲。在這種反動的最高潮中，我確實變得很縱容社會和世人的一般見解，並且很願意支持一般見解的表面改善——雖然這種縱容和意願對於我而言並不適合，因爲我的信念在很多方面基本上不同於一般見解。我當時暫時擱置自己的見解中比較明確地具有異端成分的部分（我現在是不會這樣做的）。我現在認爲只有主張這種比較明確地具有異端成分的見解，才能以任何方式更新社會。但是，除了這一點之外，我和泰勒夫人的見解，遠比我在主張最極端的邊沁主義的時候，更加有異端的成分。在我主張最極端的邊沁主義的時候，關於社會狀況的基本改進的可能性，我的見解幾乎跟古老學派的政治經濟學家一樣。我跟古老學派的政治經濟學家一樣認爲：私人的財產（現在所了解的私人的財產）和遺產是立法的定論。我只看出一點，那就是如要減少因爲這種制度而產生的不公平，就要廢除長子繼承權和限定繼承。有人認爲可以更推進一步，消除「有些人天生富有，大部分人天生貧窮」的不公平（無論是否能夠完全矯正，總之是不公平）。但是，我認爲這種想法是幻想。我只希望，藉著普遍的教育，導致自願的節育，使窮人的命運變得較可以忍受。簡而言之，我是一個民主主義者，一點也不是社會主義者。但是，我和泰勒夫人在此時卻遠不如我以前那樣是民主主義者，因爲只要教育繼續顯得非常不完美，我們唯恐群眾會表現得無知，特別是表現得自私又殘忍。但是，我們對於最終改革的理想，遠超過民主主義；我們會被明確地歸類爲「社會主義者」這個一般性的稱呼。雖然我們非常強烈地拒斥社會對於個人的專制（大部分社會主義體系都涉及這種專制），但是，我們也期望有一天社會不再分成無所事事的人和勤勞的人；有一天「不工作就沒得吃」的律則不僅適用於窮人，也公平地適用於所有的人；有一天勞力產物的分配，不像現在一樣大大依賴出生的偶發事件，而是以一致的方式，根據公認的公正原則進行；有一天人類將能夠（或認爲能夠）努力去爭取利益——不是完全屬於他們自己的那些利益，而是要與所屬的社會共享的那些利益。我們認爲未來的社會問題是：如何將「最大的個人行動自由」結合以「共同擁有地球的原料」，以及「全民公平分享共同勞力的利益」。我們並不冒昧地自認已經能夠預測：藉著什麼準確的制度形式，可以最有效地達成這些目標。或者，這些目標在多近或多遠的未來可以實現。我們清楚地看出：爲了使得這種社會轉變變成可能，或爲人所想望，就必須有同等的性格改變，出現在無教養的人群（現在構成勞工大眾）之中，以及非常多的雇主之中。這兩個階級都必須藉著實際的方式去學習勞動與聯合——爲了宏觀的目的，或者無論如何爲了大眾和社會的目的，不是像現在一樣只爲了狹窄的利益。但是，做到這一點的能力一直存在於人類之中，事實上並沒有消失，也不可能消失。教育、習慣以及情操的培養，會使得一個普通人樂於爲了國家而挖地、織布，就像樂於爲了國家而作戰一樣。是的，只有以緩慢的方式，藉著一種教養的體系，延長實施連續幾代之久，才能使一般人達到這個境地。但是，障礙並不在於人類本性的基本結構。對於共同利益的關心，現在在一般人之中都是一種很微弱的動機，這並不是因爲這種關心永遠無法成爲強烈的動機，而是因爲心智不習慣於關心共同的利益——心智從早到晚都是關心那些只關係到個人利益的事情。如果藉著每日的生活過程，去推動這種對於共同利益的關心（就像現在推動自我利益一樣），並且訴諸對榮譽的喜愛以及對恥辱的恐懼，如此加以鞭策，那麼，這種對於共同利益的關心，就會甚至使得普通人表現最大的努力，以及最英勇的犧牲。根深柢固的自私心理形成了現存社會狀態的一般性質，其所以根深蒂固，只是因爲現存制度的整個過程，易於助長自私的心理。現代的制度在某些方面比古代的制度更有這種傾向，因爲在現代生活中比在古代較小的社會中，個人較沒有機會義務爲大眾服務。雖然有這些考慮，但我們還是認爲，在還沒有取代的方法之前，誘導人們對於社會事務發生個人的興趣，不失爲可行方法，過早放棄此事乃不智之舉。但是，我們認爲，現存的制度和社會狀況是「純然暫時性的」（我以前從奧斯汀那兒聽來這句話），並且我們以非常愉快和感興趣的心情歡迎優秀的個人進行各種社會主義實驗（例如：「合作學會」）。這種社會主義實驗無論成功或失敗，對於那些參與的人，都是一種最有用的教育，因爲他們能夠因此培養一種能力，根據那些直接針對大眾利益的動機去行事，或者，他們能夠因此知道：是什麼缺點使得他們自己和別人無法做成功。

在《政治經濟學原理》中，這些見解都在書中傳達出來，在第一版之中傳達得比較不清晰，不充分，在第二版中傳達得比較清晰，比較充分，而在第三版中則傳達得十分清楚。其間的差異部分是源於時代的改變。第一版是在一八四八年的法國革命之前寫成與付梓，而革命之後，大眾的心智，變得更加能接受新奇的見解；不久以前會被認爲很驚人的學說，此時卻顯得很溫和了。在第一版之中，我以很強調的方式陳述社會主義的困難，所以論調整體而言是反對社會主義的。在接著來的一、兩年之中，我花很多時間研究歐陸最優秀的社會主義作家，並且思索、討論引起爭論的所有問題。結果，我把在第一版之中所寫的有關這方面的大部分資料刪除，代之以代表較進步的見解的論辯與思省。

我寫《政治經濟學原理》的速度，快過寫《邏輯體系》以及以前所寫的任何重要著作的速度。此書開始於一八四五年秋天，在一八四七年結束之前就準備付梓。在這兩年不到的時光中，我有六個月的時間擱置這件工作，在《晨間記事報》（Morning Chronicle）上寫文章（這件事很出乎我的意料之外），呼籲大家在愛爾蘭的荒地上開發農人的財產。這時正值飢荒時期，也就是一八四六年～一八四七年的冬天。由於時代的極端需要，所以人們有機會注意我心目中的唯一解決方法——紓解急迫的窮困狀態，再加上不斷改進愛爾蘭人的社會和經濟狀況。但是，這個觀念很新奇；關於這樣的一種處置方法，英國並沒有前例。英國政治家和英國大眾，對於英國不常見（儘管在別地方很常見）的所有社會現象，表現得非常無知，所以我的努力完全失敗。議院並沒有大大利用荒地，也沒有把佃農變成土地所有者，反而通過一項「窮人法律」，使他們成爲窮人。如果這個國家並沒有從此陷入「古老的弊病」和「僞藥的治療」並行所造成的無法解決困境，那麼它之所以逃過此劫，是要歸功於一個意外而驚人的事實，那就是愛爾蘭人口減少——開始時是因爲飢荒之故，然後又因爲移民而持續著。

《政治經濟學原理》迅速獲得成功，顯示出一個事實：大眾需要這樣一本書，準備接受這樣一本書。此書出版於一八四八年初，不到一年就銷售了一千本。另有類似的一版出版於一八四九年春天；第三版有一千兩百五十本，出版於一八五二年初。此書從一開始就不斷為人所引用與參考，被視為權威，因為此書不僅涉及抽象的科學，也涉及應用方面。此書不把政治經濟學視為單獨存在，而是把它看成一個較大的整體的一個片段，把它看成是「社會哲學」的一個分支，與所有的其他分支結合在一起。所以它的結論，甚至在它自身的特殊領域中，只有在某些條件下才是眞實的，並且受到其他原因——非直接屬於其範圍內的原因——的干預和抵制；如果不去考慮其他因素，它就無法實際指引別人。事實上，政治經濟學並不只是要以它自身的知識去忠告人類——儘管那些只知道政治經濟學（因此知道得有限）的人，認為自己理應去忠告人類，並且只能以他們如此所獲得的知識去忠告人類。但是，政治經濟學有甚多感情強烈的敵人，還有更多假裝感情強烈而實際上為私心所蔽的敵人；他們除了對於政治經濟學有其他不當的非難之外，也對於它存有這種錯誤的想法。儘管《政治經濟學原理》的很多見解顯得率直，現在卻成為這方面最受歡迎的論著，有助於解除敵人——這樣一門重要的學問的敵人——所存有的疑慮。其他人當然必須去判斷此書在詮釋科學方面的價值，以及它所提示的不同用途所具有的價值。

此後有一段相當長的時間，我沒有出版什麼有分量的著作，只是我仍然不時在刊物中寫文章，並且，我那些涉及大眾利益問題的書信（大部分都是跟陌生人之間的通信），也累積到相當的分量。在這幾年之中，我開始寫各種論文（最終是要出版的），在論文中論及人類和社會生活的一些基本問題。關於其中幾個問題，我所表現的嚴苛已經大大超過霍拉斯（Horace）的告誡所具有的嚴苛特性。我繼續表現強烈的興趣，注意公共事務的進展。但是，整體而言，公共事務的進展對我並沒有很大的鼓舞作用。一八四八年後歐洲的反動，以及一八五一年十二月一次不道德的篡奪行爲獲得成功①，似乎抹煞了法國和歐陸在自由或社會改革方面的一切希望。在英國，我已經看到（並且繼續看到），我年輕時代的很多意見得到一般人的認同，也看到制度方面的很多改革（我一生一直在爭取的）已經實現，或者正要實現。但是，這些變化對於人類福祉的貢獻，並沒有像我以前所預期的那樣大，因爲這些變化，並沒有在人類命運的眞正改善所依賴的方面——人類的知性和道德狀態——產生出什麼成果。人們甚至會問：各種同時也在發生作用的墮落原因，是否已經抵消了改善的趨勢而占了上風？我從經驗中獲知：很多錯誤的見解可能改變成正確的見解，但卻沒有改變那些導致錯誤見解的心智習慣。例如：自從英國改變爲自由貿易的國家之後，大眾還是跟以前一樣，對於政治經濟學的問題顯得沒有經驗、沒有眼光，尤其沒有在較高尚的問題上，養成較

① 指路易士・拿破崙過一年成爲法國皇帝。——譯註

佳的思想和感覺習慣，也沒有比較能夠免於錯誤。雖然他們已經揚棄了一些錯誤，但是他們的心智的一般紀律——知性方面以及道德方面——並沒有改變。我現在相信，人類的命運不可能有很大的改善，除非人類的思想模式的基本結構產生很大的改變。宗教、道德和政治方面的古老見解，在比較有智力的人心中已經受到相當的懷疑，所以已經水遠失去了大部分的效力，然而，它們卻仍然有足夠的生命，能夠造成強有力的阻礙，使人們無法培養對於這些問題的較優秀見解。當世界上具有冷靜心智的人，不再相信世界的宗教，或者必須基本上改變宗教的性質才能相信它，那麼，一個轉變時期就會來臨。在這個轉變時期中，信念會顯得脆弱，智力會癱瘓，原則會越來越不嚴謹，並且這種情況會持續，除非在他們的信仰的基礎中產生一種革新，演變出他們能夠眞正相信的某種信念——無論是宗教的信念，或只是人性的信念。當情況是如此的時候，只要是不可能促成這樣一種革新的思想或寫作，就沒有什麼持久價值。由於大眾的心智並沒有明顯地呈現出這方面的傾向，所以我對於人類立即改善的希望並不樂觀。最近，一種自由思索的精神已經出現，使英國比較有希望在精神方面逐漸地得到解放。這種自由思索的精神，跟歐洲其餘地方政治自由運動的再興（顯得更有吉兆）同時出現，使得現在的人類狀況顯得更有希望。

在我已經談到的那段時間以及現在之間，發生了我個人生活中最重要的一些事件。第一件就是我在一八五一年四月跟我已經提到的那位女子結婚。在我們不曾期望有更親近關係的很多年歲月中，她那無與倫比的身價，使得我與她之間的友誼，成爲我的幸福和進步的最大泉源。雖然我本來應該很渴望在自己生命中的任何適宜時機，與她完全結合在一起，但是，我與她寧願永遠放棄這種特權，也不願意因爲一個人[②]的早逝而享有這種特權，因爲這個人是我最爲眞誠地尊敬的一個人，而她也對他懷有最強烈的感情。無論如何，這個惡耗發生在一八四九年七月，使我能夠從這件不幸中獲得最大的好處，在已經存在很久的共同思想、感覺和寫作之中，再加上我們完全的共同生活。有七年半的時間，我擁有了這種幸福；但只有七年半而已！她去世後，我那種喪妻之痛絕非我筆墨所能形容——無論是當時或者現在。但是，因爲我知道她生前的希望，所以，我就努力好好利用自己的餘生，爲了她的目標而繼續工作，憑著回想她以及與她的記憶靈交，所獲得的微弱力量繼續工作。

在我開始婚姻生活，以及因爲不幸事件而結束婚姻生活的幾年之間，我在外在生活中的主要事情，都跟我在印度公司的職位有關（除非我把初羅家族疾病，以及因此到義大利、西西里和希臘養病六個多月一事，也列爲主要的事情）。一八五六年，我被擢升爲已待了三十三年以上的職位的主管。我被任命爲「印度通信審查員」，是在印度公司國內部僅次於祕書的最高職位，在與印度政府的各種通信方面，負責一般的監督工作——除了軍事、海軍以及財政方面以外。我擔任此項工作，一直到東印度公司不再存在，共有兩年多一點的時

② 指妻子的前夫。——譯註

間。此後，議院——換言之，巴墨斯東（Palmerston）爵士——同意結束東印度公司，不再使它成爲英王管轄下的印度政府分支，並且把印度的行政改變成二、三流英國議院政治家所爭奪的對象。東印度公司人員抗拒自己的政治地位被抹煞，而我就是操縱這種抗拒行動的主要人物。我必須提到我爲他們所寫的信件和陳請書，也必須提到我論「代議政府」的論著的最後一章，表示我的見解：我認爲這種不智的改變是愚蠢且有害的。我個人認爲自己在此事之中是一名贏家，因爲我一生已經爲印度奉獻了夠多的時間，願意在得到相當的補償後退休。在改變完成後，印度的第一任國務大臣史坦雷（Stanley）爵士，很禮貌地要我加入印度議會，而印度議會本身又向我提議此事——他們第一次有了空缺，就向我提議此事。但是，我認爲，新制度下的印度政府狀況，只會使得參與的人感到無益的苦惱，也使他們浪費精力。無論以後發生什麼事情，我都沒有對自己的拒絕感到後悔。

在停止公職的兩年時間中，我的妻子和我一起進行《論自由》一書的寫作。我在一八五四年時，第一次計畫把它寫成一篇短短的論文。一八五五年一月，我走上羅馬神殿的階梯時，第一次想到要把這篇論文擴充爲一本書。在我的作品中，沒有一部像此書那樣：我是那麼小心地寫作，認眞地改正。在像平常一樣寫了兩次之後，我們把它放在手邊，時時拿出來，重新再看一次，衡量並評判每個句子。最後的修正預定是一八五八至一八五九年冬天的工作。這個冬天也是我退休後的第一個冬天，我們已經安排要在南歐度過。但是，這個希望以及其他的每個希望都破滅了，因爲一件最意外和最令人痛苦的事情發生：在我們前往孟培利爾的途中，我的妻子因爲肺充血突然發作，病逝於亞維農。

從此以後，我就過著一種最能感到她在我身邊的生活，如此儘量減輕自己的痛苦。我在儘量靠近她埋葬的地方，買下一間小屋。她的女兒跟我一樣感到痛苦，並且現在是主要安慰我的人；她和我一年中有大半的時間都經常住在那兒。我生命中的目標全是她的生命中的目標；我的工作和職業，是她與我分擔以及產生共鳴的工作和職業。她的遺愛對我而言是一種宗教，而她的讚許總結了一切的價值，是我藉以調整自己的生活的標準。

在結束前面的敘述之後的幾年，我重新拾筆寫作，有一種慾望支配著我，那就是，我要完整地記錄我所虧欠於別人的恩惠——有的人基本上有助於我自己的精神發展，有的人在我的作品中，或者在我所完成的涉及大眾的工作中，扮演直接的角色。事實上，我寫這本簡略的傳記的主要目的，就是要完整地記錄這方面的事情。在前面的幾頁中，這份記錄——就涉及我的妻子的方面而言——並不像應有的情況那樣詳細又準確。並且自從喪妻之後，我也得到其他助力，同樣值得我表示感謝，也同樣需要我表示感謝。

如果兩個人的思想和理論完全互通；如果他們在日常生活中討論各種涉及知性和道德的問題，並且很深入地探究這些問題，比別人在爲一般讀者所寫的作品中，所表現的平常和方便的探討方式更加深入；如果他們從同樣的原則出發，藉著共同進行的過程獲得結論，那麼，關於「誰是原始執筆人」的問題，並不怎麼重要。對寫作貢獻最少的那個人，可能對思想的貢獻最大。最後的作品是兩人的共同成果；我們時常不可能把兩人各自的部分分開，說這部分屬於其中一人，那部分屬於另一個人。就這個廣泛的意義而言，不僅在我們幾年的婚姻生活之中，並且在婚姻生活之前的很多年親密友誼中，我所有發表的作品，都是我的成就，也都是她的成就；她在作品中所占的分量，隨著歲月的推進而增加。但在某些情況中，屬於她的部分是可以區分出來的，並且可以特別指認出來。除了她的心智對我的心智的一般影響之外，這些共同成果中最有價值的觀念和特色——最具有重要性的觀念和特色，最有助於作品本身的成功和聲譽的觀念和特色——都是源自於她，都是產生自她的心智。我在其中所占的分量並不大，就像我在以前的作家中發現了思想，但在其中所占的分量並不大，我只是把他們的思想併入我自己的思想體系中，使它們成爲我的思想。在我較大部分的文學生命之中，我都與她一起完成一種工作。在很早的時候，我就認爲這種工作是我在思想的領域中有資格去做的最有用工作，那就是，成爲原創思想家的詮釋者，以及成爲他們和大眾之間的媒介者。其中的原因是：我一直看輕自己成爲原創思想家的能力，除了在抽象科學方面（邏輯、形上學，以及政治經濟學和政治學的理論原則），但是，我卻認爲自己比大部分當代人，更願意和更有能力向別人學習。人們在看到別人爲各種見解——無論多新或多舊的見解——而辯護時，會對於他們的辯護加以檢視，但卻幾乎不會認爲，縱使見解是錯誤的，其基底也可能有一層眞理，也不會認爲，在任何的情況下，如果去發現那使得見解顯得似乎合理的部分，也會有利於眞理。因此，我認定這是一個有用的領域，我特別應該在這個領域中有積極的表現。尤有進者，我熟悉柯律吉主義信徒、德國思想家以及卡萊爾的觀念

（全都與我在成長過程中所形成的思想模式強烈地對立），所以我相信：他們除了有很多錯誤之外，也有很多眞理，是人們的心智所無法獲知的。人們的心智只會藉著超越又神祕的語詞去接受這種眞理，並且他們不介意也不知道如何去將這種眞理和超越又神祕的語詞分開。我有信心將眞理和錯誤分開，以某種詞語表達出來，而這種詞語對於哲學上站在我這邊的人而言是可以了解的，並沒有排斥作用。一旦有了這種心理準備，人們將會很容易相信：如果我與一個人在知性方面有了緊密的靈交，而這個人具有最傑出的才能，其天賦在思想中成長、展現，不斷提供遠遠超越我的眞理，但是我並無法像在其他眞理中那樣覺察出其中混合有錯誤，那麼，我的最大部分的心智成長就在於吸收那些眞理，而我最有價值的知性成就則在於建立橋梁，以及清理途徑，也就是將橋梁和我的一般思想體系連結在一起的那些途徑。

我的妻子與我合作，占有明顯地位的第一本書是《政治經濟學原理》。《邏輯體系》一書只在較細微的結構問題上歸功於她。就結構方面而言，我的作品無論大小，都大大受益於她那準確又清晰的批評。《政治經濟學原理》中有一章，比其餘各章更影響到見解，那就是論「勞動階級的可能未來」的那一章，而這一章完全歸功於她，因爲在此書的初稿中，這一章本來並不存在。她指出需要有這樣一章，她說，如果沒有這樣一章，作品就會顯得非常不完整。她促使我寫這一章；這一章的比較一般性的部分，也就是關於勞動階級適當狀態的兩極理論的陳述和討論，全是她的思想的政治經濟學闡釋，時常是以她親口說出來的話寫成。《政治經濟學原理》的純粹科學部分，我並不是從她那兒學來的，但是，主要是她的影響力才使得此書具有一種一般性的論調。這種一般性的論調，使得此書不同於以前自稱科學性的政治經濟學的闡釋，並且也很有助於撫慰那些厭惡以前的闡釋的心智。這種論調主要是在於：適當地區分「製造財富」的律則以及「分配財富」的模式。「製造財富」的律則是眞正的自然律則，取決於客體的特性；「分配財富」的模式則受制於一些條件，取決於人類的意志。普通的政治經濟學家將兩者加以混淆，統歸於經濟學律則的名號之下；他們認爲經濟學律則不可能爲人類的努力所擊潰或改變。他們把同樣的需要歸因於兩種不同的事物，一種事物是取決於我們世俗生活的固定狀況，另一種事物只不過是特別的社會狀態的必要結果，只是與這些特別的社會狀態同屬一個範圍。在某些制度和習俗之下，工資、利潤和租金將由一些因素來決定；但是這類的政治經濟學家卻抹煞不可或缺的先決條件，他們辯稱：由於人類所不能抗拒的一種先天必要性，這些因素必定在生產物的分配中，決定勞工、資本家和地主所分配到的量。《政治經濟學原理》不向以前的同類論者低頭，堅持以科學的方法了解這些因素在所預先假定的條件下的運作。但是，此書也立下了一個範例——不把這些條件視爲終極的條件。有一類經濟學的通則，並不是取決於本質的必要性，而是取決於與現存社會狀態結合在一起的必要性。本書只把這類經濟學的通則視爲暫時性的，很容易因爲社會改革而有很大的改變。我確實從聖西蒙主義者的理論所灌輸給我的思想中，部分學習到這種觀點；但是由於我的妻子的激勵，這種觀點才成爲一種生動的原則，充溢全書。這個例子清楚地說明：她對我的作品的貢獻，其一般特性為何。凡是抽象和純粹科學的部分，一般而言都是屬於我的，而完全具有人性的部分則是源自她。我從她那兒學習到如何將哲學應用於人類社會和進步的迫切需要之中，我也從她身上學習到一種態度；思索時要大膽，實際判斷時要謹慎。一方面而言，她很有勇氣，眼光遠大，如果沒有她，我就不會像她那樣有勇氣，那樣眼光遠大地預期一種情況：有一天，很多現在時常與普遍性原則混淆的限制性通則，將不再適用。我的作品之中，尤其是《政治經濟學原理》之中，有些部分是構思未來的可能性，雖然為社會主義者所肯定，但一般而言卻為政治經濟學家所強烈否定。如果沒有我的妻子，這些部分可能就不存在，或者，我會以比較膽怯的方式以及比較受限制的形式提出建議。但是，雖然她使我能夠比較大膽地沉思人類事物，然而，她的心智卻很實際，對於實際障礙的評估幾乎無誤，所以壓抑住了我那些眞正幻想性的傾向。她的心智賦予所有的觀念一種具體的形式，自身形成一種概念，使她知道那些觀念實際上會發生什麼作用。她對於人類現存的感情和行為的了解，很少有錯誤，幾乎都能夠看出不可行的建議之中有什麼缺點存在。

《論自由》一書比其他冠上我的名字的作品，更是我們兩人共同的創作，因為其中的幾乎每一個句子，都是經過我們兩人幾次的校讀，以很多方式加以斟酌，並且小心地改正錯誤——無論是思想或措詞方面的錯誤。因此，雖然此書不曾經過她最後的校對，但就純粹文章的實例而言，卻優於我以前或以後所寫的任何作品。就思想方面來說，我很難指出什麼特別的部分或成分，是比其餘部分更屬於她的。本書所表達的整個思想模式，斷然是她的思想模式。但我也全然浸淫於她的思想模式中，所以，我們兩人自然會有同樣的思想產生。然而，我如此專注於她的思想模式，卻要大大歸功於她。我在精神進展中的某一個時刻，本來會很容易陷入過度支配的傾向——無論是在社會方面和政治方面；就像也有另一個時刻，由於對於相反極端的反動，我本來會變成不如現在那樣徹底的激進主義者和民主主義者。在這兩個關頭中，就像在很多其他關頭中，她使我受益良多，讓我在正確的地方繼續保持正確，並且引導我走向新的眞理，使我免除錯誤。由於我很樂於且渴望向每個人學習，也很樂於且渴望使得新舊事物彼此調適，如此在見解上考慮每種新事物，所以，要不是有她穩定的影響力，我可能會因此太過分改變早期的見解。她對我的精神發展最重要的一點是：她很公正地衡量不同因素的相關重要性，使我不致於在自己的思想中，過分去看重那些最近才學習到的眞理。

《論自由》一書可能比我所寫的其他作品流傳得更久（也許除了《邏輯體系》之外），因爲她的心智與我的心智結合在一起，使得此書成爲代表單一眞理的一種哲學教科書，同時，現代社會中逐漸發生的改變，更容易彰顯出這種單一眞理，那就是，性格類型的多樣，對於人與社會是很重要的，讓人性有充分自由，在無數有衝突性的方向中自我擴展，對於人與社會也是很重要的。在一個表面看起來似乎不大需要這樣一種教誨的時代裡，對於這個單一眞理加以闡釋，卻使人們留下深刻印象，這一點最能證明這個單一眞理的基礎是多麼深沉。社會的平等和輿論的支配，不可避免地成長，而我們唯恐這種成長會在人類身上強加一種壓迫性的重軛：見解和習慣的一致。比較注意現在事實而比較不注意時代趨勢的人，會很容易認爲這種恐懼是一種幻想，因爲現在正在社會和制度中發生的漸進革命，到目前爲止，都顯然有利於新見解的發展，並且使得新見解有比以前更公正的發言機會。但是這是屬於轉變期的特性；在轉變期之中，舊的見解和感受處在不安定的狀態中，還沒有新的學說占優勢。在這樣的時間之中，涉及任何心智活動的人，因爲已經放棄很多舊信念，同時又不十分確定自己仍然保有的信念能夠維持不變，所以他們就急於傾聽新見解。但是，這種狀態必然是短暫的。以後，某種特別的學說會贏得大部分的信徒，以合適的方式，將社會制度和行動模式組織起來，並且教育會把這種新信條銘刻在新的下一代上，不需要經歷那種產生新信條的精神過程。而新信條會逐漸獲得一種壓制力量，也就是被新信條所取代的舊教條長久所發揮的那種壓制力量。這種有害的力量是否得以發揮，取決於人類那時是否已經意識到一個事實：一旦這種力量得以發揮，人性就會受到阻礙。此時，《自由論》一書的教誨就會具有最大的價值，並且也許此書的教誨會長時間保持這種價值。

至於獨創性，本書的獨創性當然是在以下這一點：每個喜歡思考的人，在構思和表達「眞理」這種共同財產時，爲其構思和表達的模式所提供的那種獨創性。本書的主要思想雖然在很多時代都只見於孤立的思想家之中，但是，人類自從文明開始以來，卻不可能有什麼時間完全沒有這種思想。如果只談及上幾代，那麼，這種主要的思想顯然包含在一種涉及教育和文化的重要思想中，而這種重要的思想是藉由斐斯塔洛齊（Pestalozzi）的努力和天賦，而傳播到歐洲人的心智中。我在本書中曾提到威廉．凡．洪博特（Wilhelm von Humboldt）無條件支持這種主要的思想，但是他在自己的國家並非單獨一人。在本世紀的初期，「個人權利」的學說，以及「道德本性以自身的方式自我發展」的呼聲，曾由一整個學派的德國作家加以推動，甚至達到誇張的境地。歌德是所有德國作家中最出名的，他的作品雖然不屬於哪個學派或者任何學派，但卻充滿了道德和生活行爲的觀點，這些觀點在我看來並沒有什麼可以辯護之處，但卻不斷在有關「自我發展的權利與義務」的理論中，尋求任何可能的辯護。在我們自己的國家之中，《論自由》還沒有寫出之前，有關「個人特性」的學說，曾由威廉．馬卡爾（William Maccall）先生，在一系列的作品中熱烈地堅持，其中最苦心經營的一篇題名爲〈個人主義要素〉（Elements of Individualism）。他的風格是強有力的激辯，有時使人想起費希特（Fichte）。一位傑出的美國人華倫（Warren）先生，曾經設計出一種「社會體系」，是以「個人的主權」爲基礎，曾贏得很多信徒，並且還確實開始形成一個「村莊社區」（現在是否存在，我不知道）。這個社區雖然表面上類似社會主義者的一些計畫，但是在原則上卻與這些計畫正好相反，因爲這個社區並不承認社會對個人有任何的權威——除了爲所有的個人加強同等的發展自由。以我的名字出版的這本書，並沒有表明書中學說是我所獨創的，並且也不是意在寫出學說的歷史，所以，洪博特是在我之前主張這些學說且是我認爲可以談起的唯一作者（他也爲我的著作提供了題辭）。不過我曾在一個段落中，借用了華倫的信徒們的言詞，即「個人的主權」。我幾乎不必在這兒提到一件事，那就是，我所提到的任何一位前人的學說觀念，以及我在自己的書中所陳述的學說觀念，兩者之間存在有很多細節上的差異。

在我遭受無可彌補的喪妻之痛後，我最早的心事之一就是出版這部作品，因爲其中有很大的部分屬於我所失去的她的成就，我要把它獻給她的在天之靈。我並沒有在這部作品中做任何改變，也沒有增加什麼，並且以後我也永遠不會這樣做。雖然本書是需要她最後的潤飾之筆，但是我卻不會嘗試去取代她而添上這一筆。

時代的政治環境，促使我在不久之後完成且發表了一本小冊子——《議院改革思考》（Thoughts on Parliamentary Reform），其中有一部分是在之前的幾年，當一次「改革法案」流產時所寫出的，當時還曾經獲得她的贊同，由她加以修訂。這本小冊子的主要特色是：反對祕密投票（這是我們兩人見解的改變，且她先於我改變），以及要求少數分子的代表選舉權。但是，這兩個特點在當時並沒有超越加斯・馬歇爾（Garth Marshall）所提議的累積投票法（cumulative vote）。我出版這本小冊子的目的是要討論一八五九年德比（Derby）爵士和狄斯累利（Disraeli）先生的政府的「改革法案」。在完成小冊子之後，我又增加了第三個特點：複投票③。複投票不是提供給有財產的人，而是提供給教育優越的

③ 可以在一個以上的選舉區投票。——譯註

人。我認爲這是一種方法，可以使得兩種情況得到調解。其一是：每一個男人或女人提出了不可抗拒的要求，要求在規定眞正關係到他們的事情時，必須徵求他們的意見，讓他們發表意見；其二是：那些以知識的優越爲基礎的見解，在分量上是很優越的。無論如何，我這項提議並不曾和我那位幾乎絕對可靠的「顧問」討論過，我也沒有證據證明她會同意。就我所能觀察到的，我這項提議並沒有得到任何人的贊同。所有欲想在選票上得到不平等權利的人，都贊成以財產爲依據，而不是以智力或知識爲依歸。如果這項提議要克服強烈的抗拒情緒，那只有等到有系統的「國家教育」建立之後，因爲藉著有系統的「國家教育」，在政治上有價值的不同程度學識，才可能準確地加以界定以及鑑定。如果沒有有系統的「國家教育」，那麼，我的提議將總會遭遇到強烈以及可能是決定性的抗拒；如果有了有系統的「國家教育」，那麼，我的提議也許不會爲人所需要。

在發表了《議院改革思考》後不久，我熟悉了哈爾（Hare）先生可佩的《個人代表制》（System of Personal Representation）體系，他那本有關這方面的著作，當時是第一次出版（是以現在的面貌出版）。我在他這種實際而又具哲學性的偉大觀念中，看到了代議政府的制度所可能臻至的最大改善。這種改善能夠以最適當的方式準確地處理和消除代議制度的主要缺點（以前似乎是先天性的缺點）。這種缺點就是：把所有的權力都給予多數分子，不是按照數目的多寡給予比例上的權力，使得最強有力的黨派，能夠阻止較弱的黨派在全國大會中表達意見，除非不同地方中意見偶然分配不均，使他們有機會表達意見。這些嚴重的弊病，就算很完美的緩和劑也不可能加以消滅，但是，哈爾先生的體系卻提供了一種激進的治藥。這種政治藝術方面的偉大發現（它確實是如此），激勵我對於人類社會的遠景抱持新奇且較樂觀的希望。我相信，這種偉大的發現，對於所有善於思考並採行的人，也有同樣的激勵作用——因爲它使得整個文明世界顯然又不可抗拒地傾向的那種政治制度形式，免於一些主要的缺陷，使其最終的裨益不受到限制，也不會令人起疑。只要少數分子成爲少數分子，他們就會在得票上抵不過多數分子（也應該如此）；但是，如果加以安排，使得投票者集中在一起，達到一定的數目，能夠在議會中有他們自己所選出的代表，那麼少數分子就不會受到壓制。獨立的見解將會強行進入國家的議院之中，在那兒表達出來（這種情況在現存的代議民主政治中無法發生）。議會中將不會再排除個人的特性，構成的分子也不再完全只代表大規模政治或宗教團體的信條；議會將包含國家之中大部分最傑出的個人，由欣賞其個人卓越性的選民選出而置身議會之中，並不涉及什麼團體。我能夠了解一種情況：本來是很聰明的人，會因爲沒有經過充分的選拔而被排除於哈爾先生的體系之外；這種體系的結構性質很複雜（他們這樣認爲），會把他們排除於外。但是，如果一個人沒有覺察到這種體系意在滿足一種需求，如果一個人放棄這種需求，視之爲僅是理論上的精巧或奇思異想，不會有什麼重要的意義，不值得實際的人去注意，那麼，他就可能被視爲無能的政治家，無法處理未來的政治。我意思是說，除非他是一名部長，或者渴望成爲部長：我們十分習慣部長持續對於改革表示絕對的憎意，幾乎一直到有一天，他的良心或他的利益促使他進行改革，作爲一種公共措施，並且獲得成功。

如果我在出版自己的小冊子之前，就知道了哈爾先生的體系，那麼，我就會在其中敘述這種體系。由於我沒有這樣做，所以我就主要針對這個目的，在《佛雷色雜誌》中寫了一篇文章（重印在我的雜作之中）。不過，我在文章中除了批評哈爾先生的著作之外，也批評了另兩本論當代問題的作品。其中一部作品是一本小冊子，作者是我早期的朋友約翰·奧斯汀先生，他在老年時反對所有進一步的議院改革。另一部作品是羅利墨（Lorimer）先生所寫，雖然其中有部分的錯誤，但卻是一部優秀又巧妙的作品。

在同一個夏季之中，我履行了一個特別應該履行的義務，那就是，我藉著《愛丁堡評論》中的一篇文章，幫忙介紹了貝恩（Bain）先生那部論心智的高深著作——他當時剛出版了第二冊，完成了整個作品。我也選了自己的一些次要作品付梓，形成《論文與討論》的前兩卷。我是在妻子生前選了這些作品，本來想與她一起修訂再出版，但修訂的工作卻幾乎沒有開始。一旦我再也得不到妻子的判斷力來指導我，我就不想再繼續下去，於是按照原來的面貌出版——除了刪除不再符合自己見解的段落。我這一年的文學工作，隨著《佛雷色雜誌》中的一篇文章而結束；文章名爲〈關於不干涉內政的幾句話〉，以後重印於《論文與討論》第三冊。我寫這篇文章的動機是爲英國辯護（因爲歐陸一般都譴責英國在外交政策方面特別自私），同時，對於英國人在面對譴責時所採取的態度提出警告，因爲英國政治家習慣以低調談及英國的政策，認爲只關係到英國的利益，而巴墨斯東（Palmerston）爵士也在那個特別的時候表示反對蘇伊士運河。我利用這個機會表達了長久積存在心中的觀念（有的是我在印度方面的經驗所引發的，有的則是當時相當吸引歐洲大眾注意力的國際問題所引發的）。這些觀念都是關於國際道德的眞正原則，以及時代及環境的差異對於國際道德所造成的合理變更。其實，我曾因爲布洛罕（Brougham）爵士和其他人攻擊一八四八年的法國臨時政府而提出辯護，已經在某種程度上討論到這方面的問題。我當時的辯護文章是發表在《西敏寺評論》，重印在《論文與討論》之中。

此時，我已經在一種純文學的生活中安頓下來，我相信餘生都是如此。其實，所謂的「文學」還是繼續在相當的程度上關係到政治，不僅關係到理論的政治，也關係到實際的政治。只不過，這一年大部分的時間，我都在遠離自己國家的政治中心有好幾百哩的地方度過④，而我的文章是寫給自己國家的政治中心，也是主要爲它而寫。但是，事實上，現代的傳訊設備，不僅使得處在相當安逸環境的政治作家免於各種不利因素（遠離政治活動場所導致的不利因素），並且還把不利因素改變成有利因素。他可以即刻且經常收到報紙和期刊，使他甚至能夠知曉最短暫的政治運作，使他對於見解的情況和進展有比較正確的觀點——比起與個人親自接觸時所得到的觀點更加正確，因爲每個人的社交多多少少都只限於

④ 指亞維農。——譯註

特別的群體或階級，只能透過這個管道去獲得有關這些群體或階級的印象，不會有其他印象。經驗告訴我：如果一個人的時間都花費在所謂的社交的有趣事物上，沒有餘暇大量接觸意見的媒介，那麼他就會比閱讀報紙的隱士更加孤陋寡聞——無論是在大眾心智的一般狀態方面，或者是在大眾心智的活躍又開明的表現方面。一個人離開自己的國家太長的時間，無疑是有不利之處——無法時常處身於人與事之中，來更新對他（它）們的印象。但是，隔著一段距離仔細地判斷，不因為看法不同而有所偏差——這是最可以信賴的，甚至就實際的應用而言也是如此。我交替置身於兩種處境中，結合了兩者的優點。雖然那個激發我的最佳思想的人，已經不再跟我在一起，但我卻不孤獨。她留下了一個女兒——我的繼女，海倫・泰勒（HelenTaylor）。她繼承了母親的很多智慧，以及母親的所有高貴性格。她從那時候起，一直到現在，才賦不斷地成長和成熟，都是為同樣偉大的目標而奉獻，使得她自己的聲譽勝過母親，比母親的聲譽更遠播。不過，我敢說，如果母親活著的話，她女兒的聲譽一定會更甚於此。關於她直接與我合作的重要性，我以後會說一些。就教導方面，她強有力的原創思想，以及她健全的實際判斷，對我有很大的幫助，我是無法充分描述的。以前確實沒有人像我這麼幸運，在喪妻之後，卻在生命的彩票中抽到了另一個這樣的大獎——另一個最為珍貴的同伴、鼓舞者、顧問以及指導者。無論是現在或以後，只要有人可能想到我以及我所完成的作品，就一定永遠不會忘記一件事：我所完成的作品不是一個人的智力和良知的成果，而是三個人的智力和良知的總合，而其中占的分量最少，尤其是最沒有獨創性的一位，就是作品上署名的那個人。

一八六〇年以及一八六一年的作品，主要是兩本論著，只有其中一本是意在立即出版，那就是《代議政府考察》。此書是一種相關性的闡釋，闡釋的內容是，我經過多年的思考後所認爲的最佳形式的大眾性政治體系。除了印證政府實際運作的這個特殊部分所需要的一般政府理論之外，此書也包含我的一些成熟觀點，涉及一些引起現代人注意的主要問題（在完全有系統的制度範圍之內）。同時，此書也如我所期盼，提出其他一些問題；由於需要的逐漸增加，理論政治家及實際政治家，遲早都一定會去注意這些問題。其中主要的問題是：「立法的功能」與「立良法的功能」之間的區別。就「立法的功能」而言，人數眾多的人民議會是根本不適合立法的；就「立良法的功能」而言，立良法是人數眾多的人民議會的本分，任何其他權威都無法滿意地完成此事。因此之故，有需要成立一個「立法委員會」，作爲一個自由國家政治體系的一個永久部分。這個委員會包括有少數受過高度訓練的政治人物，當議院決定要立法時，就交由這些政治人物去進行。法案擬定時，議院有權通過或否決，但是無權改變法案，除非送達建議性的修正案，交由委員會處理。這兒所提出的問題，涉及所有大眾功能中最重要者——「立法功能」——是有關現代政治組織的大難題的一個特例。我想是邊沁最先充分地陳述這個特例，不過，我認爲，他並沒有滿意地解決這個特例：即由大眾完全控制公共事務，同時其控制方法又最爲巧妙。

在此時所寫的另一本論著，是幾年以後以《女人的屈從》爲名稱出版的論著。我寫此書是基於女兒的建議。她建議說，我無論如何可以用寫作的方式，闡釋自己對於這個重大問題的意見，盡可能讓闡釋顯得完整又有決定性。我當時並不想出版此一論著，只想不時加以修正（如果能夠的話），等到似乎是最適當的時機才出版。當此書終於出版時，內容變得更加豐富，因爲其中包含了女兒的一些重要觀念，以及她所寫的一些段落。但是，就我自己寫作的部分而言，最動人又高深的部分卻屬於我的妻子。這個部分源自我們共同儲存的思想，因爲我們曾無數次談論與討論這個在我們心中占據相當地位的問題。

不久之後，我從自己沒有出版的作品中，取出婚姻生活最後幾年所寫的一部分論文，加上一些資料，整理成一部小作品《功利主義》。此書首先分成三部分發表於連續三期的《佛雷色雜誌》，以後重印成一本書。

然而，在這之前，由於美國內戰開始的緣故，公共事務的情況變得極爲危急。我對美國內戰表現出最爲強烈的感情，從一開始就認爲美國內戰一定會成爲人類生活發展方向的一個轉捩點——無論是好是壞——並且持續的時間是無法確定的。我曾在美國的「黑奴爭論」公開爆發之前的很多年之間，非常感興趣地觀察這個問題，知道它一直是蓄奴者欲想擴展奴役領域的野心表現，並且有三種影響力結合在一起主宰這種野心表現，即金錢的利益、橫暴的性情，以及某一個階級爲自身的階級特權所表現的狂熱。我的朋友凱尼斯（Cairnes）教授所寫的一部優秀作品《奴隸力量》（The Slave Power），曾詳細而有力地描述這三種影響力。如果這三種影響力得逞的話，那將是邪惡力量獲勝，將會鼓舞整個文明世界中那些阻礙進步的人，打擊那些擁護進步的人的精神。同時，它會創造出一種可怕的軍事力量——基於最惡劣和最反社會的「人奴役人」的暴政形式。它會長時間破壞偉大民主共和國的威信，使得歐洲所有特權階級產生一種錯誤的信心，而這種錯誤的信心可能只能以流血的方式加以消除。另一方面而言，如果美國北方的精神充分發揚，成功地結束戰爭，如果戰爭沒有太快速又容易地結束，那麼，我根據人性的律則和革命的經驗提出如下的預測：當戰爭結束時，那將很可能是徹底的結束。北方人的良知已經覺醒，但只抗拒奴隸制度進一步的擴展；他們忠於美國憲法，所以不贊同聯邦政府干涉已經存在著奴隸的各州。然而，一旦戰爭結束，憲法已經被武裝的反抗所廢棄，那麼，北方人民就會有另一種感覺，他們會決定永遠棄絕這種爲人所詛咒的奴隸制度，並且會追隨廢奴主義者的高貴行列——賈里遜（Garrison）是廢奴主義者的勇敢又忠心的使徒，溫德爾・菲立普（Wendell Phillips）是廢奴主義者口才流利的演講家，而約翰・布朗（John Brown）則是廢奴主義者的自願烈士。然後，所有美國人的心智會獲得解放，不再需要因爲非常嚴重地違背憲法的自由原則，而向外國人辯解。同時，「由一種固定的社會狀態塑造出一套全國性輿論」的傾向，至少會暫時受到抑制，並且，全國人的心智會越來越體認到制度中或人民習俗中所存在的任何缺陷。這種廢奴的希望，已經完全實現，並且在其他方面正在逐步實現中。我從一開始就預見到反抗奴隸制度的成功或失敗所造成的這兩種結果，所以，大家可能想像到我是以什麼感覺去考量以下這個事實：在我自己的國家中，幾乎所有上層和中層階級的人——甚至那些自稱自由分子的人

——都忙著以熱烈的態度去支持美國南方的黨派意識，幾乎只有工人階級以及一些文人和科學人士，沒有捲入一般性的熱狂之中。我此時最強烈地感覺到，我們那些有影響力的階級的心智，幾乎沒有什麼持久性的改善，而他們習慣聲稱的自由見解，其價值也很微小。歐陸的自由分子並沒有犯同樣可怕的錯誤。但是主張黑奴脫離西印度農場主人奴役的那一代已經消失。另外一代繼起，然而，他們在很多年的討論和接觸中，還沒有強烈地知覺到奴隸制度的罪惡。英國人習慣不去注意本島之外所發生的任何事情，所以他們相當昧於美國內戰的來歷。一般英國人在美國內戰的最初一、兩年，都不認爲戰爭的原因是奴隸制度。有些人抱持高尚的原則，見解也無疑很開明，但，他們卻認爲美國內戰是關稅的爭論，不然就認爲它是一個種族爭取獨立的問題，是他們習慣表示同情的問題。

我顯然有責任成爲少數分子的一員，反對這種變態的輿論。我並不是第一個抗議的人。我們應該記得，休斯（Hughes）先生和盧羅（Ludlow）先生，在內戰開始時發表了一些作品，開始了抗議的行動。布萊特（Bright）先生發表一篇最有力的演講，加入了抗議的行列，然後一些比較不重要的人物也響應。正當我要發表言論附和時，卻在一八六一年末發生了一件事情，那就是，美國南方的一些特使在一艘英國船上被一個美國官員所逮捕。英國人再怎麼健忘也會記得：當時他們曾表現得義憤塡膺，有幾個星期的時間，全國各地都瀰漫著與美國作戰的山雨欲來風滿樓氣息，甚至還確實進行作戰的準備。當這種狀態持續的時候，人們並沒有機會聽到有利於美國的言論；尤有進者，我也同意美國人這種行爲不正當，同意要求英國駁斥這種行爲。英國人這樣做了，並且戰爭的恐慌也過去了，於是我在一八六二年一月寫了一篇論文，發表於《佛雷色雜誌》，題名爲〈美國之中的爭論〉。我將永遠感激我的女兒，因爲她激勵我寫這篇文章。當時我們正要出發到希臘和土耳其旅行幾個月，要不是她的話，我會拖延到旅行回來之後才寫。文章寫完發表後，很有助於鼓勵那些被高漲的非自由見解所壓制的自由分子，也有助於形成有利於正義的一種見解核心。這種見解核心逐漸加強，並且在美國北方開始有戰勝的希望時快速加強。我們旅行回來後，我寫了第二篇文章，評論凱尼斯教授的著作，發表於《西敏寺評論》。英國現在在很多方面都受到報應，因爲當時英國的統治階級很招搖地希望美國亡國，激起美國人持久的憎意。英國的統治階級有理由爲一個事實而感激，那就是，有一些（縱使只是一些）知名的作家和演講家，在美國人處於最大困境時，堅決地站在他們那一邊，部分消除了美國人這種憎惡的情緒，使得他們不致完全厭惡大英帝國。

盡了這份責任之後，我以後兩年的主要工作，是屬於非政治方面的。奧斯汀先生在去世之後出版了《法理學演講集》，使我有機會禮讚他死後的名聲，也有機會對於自己在往昔的邊沁主義時代花相當工夫研究的一個問題，表示一些想法。但是，那幾年的主要作品卻是《威廉．哈米爾頓爵士的哲學檢視》（Examination of Sir William Hamilton's Philosophy）。哈米爾頓的演講集出版於一八六〇年和一八六一年，我曾在一八六一年末閱讀，有點想在一份雜誌中介紹他的演講集。但是，我不久就發覺，這樣做並沒有用，如果不寫一本書，是無法充分討論這個問題的。我當時必須考慮一個問題：我來嘗試這樣一項工作是否得當？考慮之後，覺得似乎有很正當的理由這樣做。我對於哈米爾頓爵士的演講集很是失望。我閱讀時，確實沒有對哈米爾頓爵士存有偏見。我一直到那時都遲遲沒有研究他寫給雷德（Reid）的「信札」，因爲他的「信札」並不完整；但是，我並沒有忽視他的《哲學討論》（Discussions in Philosophy）一書。雖然我知道，他處理心智哲學的事實的一般模式，不同於我最爲贊同的模式，然而，他強有力地抗拒後期的超越論者，堅決主張一些重要的原則，特別是人類知識的「相對論」，使得我在很多方面同情他的見解，也使得我認爲，由於他的權威和名聲，眞正的心理學只會得勢而不會失勢。但，他的演講集以及論雷德的論文集，驅除了我這種幻想。甚至他的《哲學討論》，如果以閱讀他的演講集以及論雷德的論文集的觀點去閱讀，也失去了很多的價值。我發現，他的見解和我的見解之間明顯的一致之處是言詞上的一致，而不是眞正的一致。還有，我認爲，他所體認到的重要哲學原則，被他加以說明之後，顯得幾乎沒有意義，或完全沒有意義，或者說，他不斷遺忘這些重要哲學原則，並且，幾乎他的哲學作品的每一部分，都傳授與這些重要哲學原則不一致的學說。因此，我對他的評價大大地改變，不再認爲他在兩個對立的哲學之間占有一種中間的地位，不再認爲他保有兩派對立哲學的一些原則，爲兩派對立哲學提供強有力的攻擊和防衛武器。我把他看做是兩派哲學中我認爲錯誤的那一派哲學的支柱之一，又因爲他在這個國家之中具有高度的哲學名聲，我把他看做是那一派錯誤的哲學的主要支柱。

這兩派哲學——「直覺派」和「經驗及觀念聯想派」——之間的差異，不只是抽象理論的問題。兩者的差異涉及很多實際的重要性，是基於一個進步的時代中實際見解的所有最大差異。實際的改革者必須持續要求改變那些由有力且廣布的感情所支持的事物，或者，他們必須持續懷疑既定事實所具有的顯然必要性和無法廢棄性。他們的論辯時常有一個不可或缺的部分，那就是，他們會指出：那些有力的感情的本源是什麼？那些既定事實如何會顯得必要而無法廢棄？因此，他們和以下這種哲學之間，自然有一種敵意存在；這種哲學不鼓勵以環境和觀念的聯想來說明感情和道德事實，喜歡把感情和道德事實視爲人性的最終因素。這種哲學酷愛支持所最喜歡的學說，視之爲直覺的眞理，認爲直覺是大自然和上帝的聲音，以一種比我們的理性更高的權威發言。我知道有一種有力的趨勢存在，那就是，把人類性格中的明顯差異視爲天生，大體而言無法消除，並且又忽視一些不可抗拒的證據，即大部分的差異，無論是個人、種族或性別之間的差異，不僅可能由環境的差異造成，並且自然也會由環境的差異造成。我長久以來就認爲，這種有力的趨勢是一種主要的阻礙，阻礙我們以理性的方法處理重要的社會問題，並且也是改革人類的最大絆腳石之一。這種趨勢的本源是直覺的形上學，而直覺的形上學顯示出十九世紀對於十八世紀的反動。這種趨勢很投合人類的惰性，一般而言也投合保守派的利害關係，所以除非根本上受到攻擊，不然，它的運作一定會達到一種程度，是較溫和的直覺哲學家不會認爲正當的程度。這種哲學並不總是呈現其溫和的形式，它已經支配歐洲的思想一個世紀的大半時間。我父親所著的《心的分析》，我自己所著的《邏輯體系》，以及貝恩（Bain）教授的重要論著，都試圖重新引介一種較佳的思索模式，並且最近獲得所預期的相當大的成功。但是，我已經有一段時間感覺到，僅將這兩派哲學加以對照並不足夠。它們之間應該有一種短兵相接的作戰。除了闡釋性的作品之外，爭論性的作品也是需要的。此時這種爭論會是很有用的。我認為哈米爾頓爵士的作品和名聲是本國直覺哲學的重鎮，而他本人性格顯得莊嚴，在很多方面具備重要的個人優點和心智的稟賦，使得他更成為可敬畏的重鎮。所以，我想，如果我徹底檢視他所有的最重要的學說，評估他身為哲學家的一般傑出地位，那可能會眞正有助於哲學。我堅定地決心這樣做，因為我觀察到，在哈米爾頓爵士的至少一位信徒（最優秀的信徒之一）的作品中，哈米爾頓的特別學說被提出來，用以辯護我認為相當不道德的一種宗教觀點，即我們應該深深崇拜一個神⑤，而我們卻確認這個神的道德屬性是不可知的，也確認其道德屬性可能極為不同於我們在談到同胞時以同樣名字稱呼的道德屬性。

當我的工作在進展時，哈米爾頓爵士的名聲越來越有問題，比我最初所預期的更有問題，因為我將他作品中的不同段落彼此加以比較，結果發現前後矛盾的地方多得幾乎令人無法相信。無論如何，我必須把事情的眞相顯示出來；我並不畏縮。我總是努力要以最嚴

⑤ 指上帝。——譯註

謹的公正態度，去對待我所批評的這位哲學家。我知道，他有很多弟子和仰慕者，可以改正我——如果我無意中對他有失之不公的地方。他的弟子和仰慕者之中，有很多人對我提出答辯，多多少少經過苦心經營。他們指出了疏忽和誤解之處，只是數目非常少，大部分在本質上都很不重要。在我這本書的最近一版（現在是第三版）還沒有問世之前，所被指出來的疏忽和誤解（就我所知的部分），已經在最近的一版中改正，而其餘的批評，已經視需要與否加以答辯了。整體而言，此書已經完成其使命：指出哈米爾頓爵士有缺陷的一面，把他太偉大的哲學名聲減弱，置之於較適中的界限之內。藉著書中的一些討論，以及兩章的闡釋——討論及闡釋「物」與「心」的觀念——本書也許爲心理學和形上學領域中的一些爭論問題，提供了更多的解決線索。

在完成評論哈米爾頓的作品之後，我努力去從事一件工作。基於很多理由，我似乎特別應該做這件工作，那就是敘述以及評估奧古斯特·孔德的學說。我比任何人更有助於把他的理論介紹到英國。主要是因爲我在《邏輯體系》一書中談到他，所以他在英吉利海峽這一邊的有思想人士之中擁有讀者和仰慕者，而當時他在法國還是默默無名的。當我的《邏輯體系》寫成又出版時，他還不爲人知，不爲人所欣賞，所以，批評他的弱點很可能顯得多餘，反而，我有責任盡可能介紹他對於哲學思想的重要貢獻。然而，現在的情況已經完全改變。他的名字至少是幾乎普遍爲人所知。並且他的學說的一般特性也廣泛爲人所知。無論是在朋友和敵手的心目中，他都是時代思想中的傑出人物。他較佳的理論已經大大深入一些人的心中，這些人基於以前的教養和性向，很適合接受他的較佳理論。在這些較佳理論的掩飾下，那些較不佳的理論在他後期的作品中有了相當的發展，加進他較佳的理論中，也有一些進展，因爲它們在英國、法國和其他國家之中，有了一些積極又熱心的擁護者，其中有的具備相當的個人長處。由於這些原因，不僅應該有一個人來篩選孔德的理論中優良的部分和不佳的部分，並且也特別在我身上強加一種特別的義務，讓我去進行這件篩選的工作。因此，我在兩篇論文中做了這件工作，這兩篇論文發表於連續的兩期《西敏寺評論》，後來重印成一小冊書，名爲《奧古斯特．孔德和實證主義》（Auguste Comte and Positivism）。

我現在所提到的作品，加上發表於期刊而我不認爲值得保存的少數論文，就是我從一八五九年到一八六五年之間，身爲作家的活動成果。在一八六五年的早期，爲了順應工人經常對我表達的一個願望，我就把那些似乎最可能在勞工階級之中擁有讀者的作品，以廉價的普及版問世——包括《政治經濟學原理》、《論自由》，以及《代議政府》。這是金錢利益方面的一種相當大的犧牲，特別是因爲我放棄了從廉價版本獲利的想法。我從出版商那兒獲知：根據平常的利潤均分條件，他們所能獲利的最低書價是多少，於是我放棄了自己那一半的利潤，使得書價能夠訂得更低。由於朗曼（Longman）夫人的幫助，他們自動定了幾年的期限，超過期限後，版權和印刷鉛版就要歸還我，同時也定了某一個銷售數目，超過數目後，我可以得到任何進一步的利潤中的一半。這個數目的銷售量（就《政治經濟學原理》而言是一萬本）已經超過一段時間了，而普及版已經開始爲我帶來一筆小小但卻意外的收益，只不過要彌補藏書版利潤的損失，還差相當的距離。

在這段外在生活的簡要敘述中，我現在所要談到的是身為作家的安靜和退隱的生活，轉變為下議院議員的比較不投合性情的工作。早在一八六五年，西敏寺的幾位選民就向我提到下議院議員一事，最初我並沒有意思。這並不是別人對我的第一次建議，因為十多年以前，由於我對於愛爾蘭的土地問題提出了一些意見，盧卡斯（Lucas）先生和杜飛（Duffy）先生，就以愛爾蘭人民團體的名義，提議要我代表一個愛爾蘭的郡進入議院——他們很容易做到這一點。但是，議院議員的職位與我當時在印度公司的職務不能相容，所以我無法考慮這個提議。在辭去印度公司的職位後，我的幾個朋友希望我成為議院的一員，但是，這個想法似乎不可能實現。我相信並沒有很多數目的選民，或具有影響力數目的選民，真正願意藉由我的見解來代表。我沒有地方上的關係或人緣，也不願意代表某一個團體的純粹發言人，在任何地方當選的機會都很小——除非以花錢的方式。我當時堅信（現在也是），一個候選人不應該為了從事公職而花費金錢，甚至一點點的金錢也不應該。那種不特別涉及任何特殊候選人的合法選舉費用，應該由國家或地方當做公共經費開支。每一位候選人的支持者，為了在選民面前適當地傳達候選人的政見而必須做的事情，應該以不支薪的方法，或以自願認捐的方式來進行。如果選民或其他人願意捐出自己的錢，以合法的方式把他們認為在議院會很有用的人選進議院，那麼大家都無權反對。但是，如果費用——或任何部分的費用——落在候選人手中，那是基本上錯誤的，因為這樣就等於實際上花錢買議院的席位。縱使我們以最有利的方式去推想金錢使用的方式，人們還是會正當地懷疑到一點：凡是藉著金錢努力要爭取大眾信託的人，都會有私心，想要藉著大眾的信託作爲晉升之階。還有最重要的一點，那就是，選舉的費用如果由候選人負擔，那麼，那些無法或不想負擔大量費用的人，就沒有機會成爲議院的一員，爲國家服務。我並不是說，在獨立的候選人如不妥協於這種惡劣的風氣就幾乎沒有機會進入議院的情況下，他花錢參選就一定總是道德上的錯誤——如果他的錢沒有直接或間接花在舞弊的行爲上，那就不是道德上的錯誤。但是，爲了證明這一點，獨立的候選人應該很自信地認爲，自己成爲議院的一員能夠比其他方式更有貢獻於國家。我自己卻沒有這種信心。我完全沒有看出，如果我當了下議院議員，將會比處於簡單的作家地位更能夠發揮力量，促進大眾的目標。因此，我認爲自己不應該競選議院議員，更不應該花錢去爭取這個職位。

但是，有一群選民找上我，自動請求我當他們的候選人，於是情況就大大改變了。經過說明後，情況顯示，他們堅持這個願望，了解我的意見，接受我爲了能夠正直地服務大眾而提出的條件。因此，這未嘗不是我的同胞們，對於身爲社會一員的我的一種召喚，如果加以拒絕，幾乎是沒有道理的。於是，我以候選人對選民的一次最坦白說明，來考驗他們的意向。我發表了一封信，答覆他們的提議，在信中說，我個人沒有意願成爲議院的一員，我也說，我認爲一個候選人不應該拉票，也不應該負擔費用，我無法去做這兩件事。我進一步說，如果我選上了，我並無法爲他們的地方利益獻出自己的時間和勞力。關於一般的政治，我對於他們所問及我意見的很多重要問題，都毫不保留地把自己的想法告訴他們。他們問及我意見的問題之一是參政權的問題；我把自己的一些意見告訴他們，其中包括我的一個信念，那就是，女人有權利與男人立於平等地位，在議院中代表民意（我必須讓他們知道我這個信念，因爲如果我選上的話，我希望按照這個信念去行動）。無疑的，這是第一次有人向選民提到這樣一個主張。我在提出這個主張之後，就選上了議院的議員，因此開啓了一種運動，從此很有力地支持女人的參政權。一個候選人（如果我能夠稱做是候選人）的表白和行爲，完全違反一般的競選觀念，但卻竟然選上了，這在當時似乎是最不可能的事。一個知名的文人——也是一個社會名流——曾說，如果上帝本人提出這樣的政見，他也不會有機會當選的。我嚴格遵守自己的政見，沒有花錢，也沒有拉票，並且也沒有親自參與選舉，一直到提名前的大約一星期，我才去參加幾次公眾聚會，陳述自己的原則。選民爲了自身的利益而使用自身正當的權利向我提出問題，而我對他們任何的問題都給予如同我的「答覆書」那麼明白又不保留的回答。我只對於一個話題，即我的宗教見解，從一開始就宣稱不回答任何問題；這個決定顯然獲得參加聚會的眾人完全的贊同。我對於被問及的所有其他問題，都坦誠地回答。這種坦誠對我有利的程度，顯然超過我的回答（無論可能是什麼回答）對我不利的程度。關於這一點，我有一些證據，其中一則證據很是不尋常，不能不記述。在《議院改革思考》這本小冊子之中，我曾經很率直地說：英國的工人階級雖然羞於說謊，所以不同其他一些國家的工人階級，然而一般而言還是會說謊的。一位對手把這一段印在一張牌子上，在一次聚會的場合交給我。這次聚會的主要分子是工人階級，於是他們就問我是否寫過這一段，且公開發表。我立刻回答說「是」。話才一出口，就有熱烈的喝采聲響起，在整個眾會中迴響著。顯然，工人們通常都預期那些向他們拉票的人，會顯得很曖昧或閃爍其詞，所以，當他們發現我並沒有這樣做，反而直率地承認那種可能使他們不悅的事情時，他們並沒有生氣，反而立刻認爲我是他們所能夠信任的人。談到最了解工人的人的經驗談，這是我所知道的一個最顯著的例子——要得到他們好感，一個最基本條件是「完全的誠實」。在他們心目中，誠實可以壓制嚴重的缺陷，而其他的特性卻無法彌補誠實的明顯闕如。在我提到的這件事情發生後，第一個發言的工人（是歐傑先生）說：工人階級並不是不想聽到有人談到他們的缺點；他們需要的是朋友，不是諂媚的人，並且，他們很感謝有人指出他眞心認爲工人需要改進的地方。所有與會的人都對他的一番話由衷地表示贊同。

就算我在選舉中落敗，我也沒有理由遺憾自己在選舉中接觸了大群的同胞。這種接觸不僅提供了我很多新的經驗，並且也使我能夠把自己的政治見解散布得更廣。同時，在我名不見經傳的很多地方，我也變得爲人所知，增加了我的讀者的數目，也增加了我的作品的可能影響力。當我以高於保守派對手幾百票的多數被選爲議院議員時，我自己和其他人都一樣感到很驚奇，而我的讀者的數目，以及我的作品的可能影響力也當然更爲增加了。

議院通過「改革法案」的三個會期期間，我都是議院的一員。在這段期間，議院必然是我所關心的主要對象——除了在休會期間。我經常在議院中發言，有時是準備好講稿，有時則是即席演講。但是我選擇發言的機會，並不是以發揮我在議院影響力爲主要目標。我發表了一篇論格拉斯頓（Gladstone）的「改革法案」的演講，很得到成功，受到議院同仁的注意，但是，我所秉持的觀念卻是：如果一件事情別人可能做得很好，或做得足夠好，那麼，我就沒有必要去干預。因此，我爲自己所保留的工作，一般而言都是別人不可能去做的，所以我的出席，大部分是爲了一些問題，因爲在這些問題上，大多數的自由派（甚至其中的前進分子）意見與我不同，或表示相當冷漠。我的幾次演講，都是反對當時（可能現在仍然如此）被認爲是很前進的自由見解，特別是有一次反對廢除死刑的提議，另一次贊成恢復在中立國船隻上攫取敵人物品的權利。我主張女人的參政權，以及「個人代表制」，當時被很多人視爲是我個人的奇想，但是，此後這些見解促成了相當的進步，特別是，幾乎整個王國都對於女性參政權的要求，表現出熱烈的反應，充分證明這些動向是合乎時宜的，並且使得我個人完成了一種道德和社會的責任。我身爲大都會倫敦的一分子，特別應該盡的另一項責任是：努力爲倫敦爭取一個市政府。但是下議院對於這個問題很漠不關心，所以，我在議院之內幾乎無法獲得任何的助力或支持者。然而，在議院之外，卻有一群積極又有才智的人支持這個問題，而我成了他們的代言人。計畫是他們最先提出，不是我，並且他們也爲這個問題進行一切的鼓吹活動，研擬「法案」。我的工作是：把準備好的法案提進議院，在法案被准許在議院中提出的短期間中，維持法案的討論。在此之前，我積極參與由艾頓（Ayrton）先生所主持的一個委員會的工作，這個委員會在一八六六年的大部分會期之中，都在審查這個問題。這個問題現在（一八七〇年）處於不同的情勢中，這可以說是歸因於那幾年之中所進行的準備工作。雖然那幾年的準備工作，在當時並沒有產生什麼明顯的成果，但是，只要一個問題一方面涉及強烈的個人利害關係，只有另一方面涉及公益，那麼，它都會經歷類似的潛伏時期。

由於我認爲，身爲議院一員的功能，就是要做別人不能做或不願意做的工作，所以，我也自認有義務挺身出來，護衛前進的自由主義，因爲議院中的大部分前進自由分子時常寧願息事寧人，不想招惹誹謗。我在下議院的第一次投票，是支持一個有利於愛爾蘭的修正案。提議的人是一名愛爾蘭議員，結果只有五個英國人和蘇格蘭人投票贊成，包括我自己：其他四個人是布萊特（Bright）先生、麥克拉倫（McLaren）先生、波特（T. B. Potter）先生，以及哈菲德（Halfield）先生。我所發表的第二次演講，是涉及延長中止愛爾蘭「人身保護法」的法案。這一次，我抨擊英國統治愛爾蘭的模式；我所表現的正是現在英國人一般認爲正當的行爲。但是，人們對芬尼安主義[6]所存有的氣憤心理，在那時卻是很鮮明的；凡是攻擊芬尼安主義者所攻擊的事物，就被認爲是爲他們辯護。我受到議院很不利的待遇，所以不只一個朋友規勸我（基於我的判斷力，我同意他們的規勸），要我等待

---

⑥ 以愛爾蘭獨立爲目的的主義。——譯註

「改革法案」的第一次重大辯論所提供給我的有利機會，再發表演講。在這段沉寂時期，很多人都很高興我失敗了，不會再困擾他們。也許，他們對我的貶抑評論，引起了反動，可能有助於我在「改革法案」方面的演講獲得成功。我在下議院的地位，由於另一次的演講而更有進展；在這次演講中，我堅持在我們的煤資源還未耗盡之前償清國債。我在下議院的地位，也由於我對保守黨一些領導人物表現一次諷刺性回應，而更有進展。這些保守黨領導人物，引用我的作品中的一些段落攻擊我，並且要我說明其他段落，特別是我的《代議政府考察》中的一個段落，因爲我在其中說，保守派根據其構成的律則而言是最愚蠢的黨派。他們要大家去注意這個段落（這個段落到那時爲止，並沒有引起任何人的注意），結果並沒有什麼收穫；但是「愚蠢的黨派」這個外號，卻在此後依附在他們身上一段相當的時間。由於我不再害怕沒有人聽我的見解，所以我就過分限定自己發表意見的場合（我此後都這樣認爲），只限於特別需要我服務的事情；並且我也過分壓抑自己，不去談論重要的黨派問題。除了愛爾蘭問題，以及那些關係到工人階級的問題之外，涉及狄斯累利（Disraeli）先生的「改革法案」的僅有一次演講，幾乎就是我在三次會期的最後兩次中。對於重大決定性辯論的唯一貢獻了。

然而，回顧自己在剛所提到的兩類問題中所扮演的角色，我卻感到很滿意。關於工人階級，我在論及格拉斯頓先生的「改革法案」的演講中，提出了一個主要的論題：爲工人階級的要求參政權加以辯護。不久之後，在羅素（Russell）爵士的內閣辭職而繼之以一個保守派政府之後，工人階級試圖在海德公圖聚會，結果為警察所驅逐，而群眾則扯下公園的欄杆。雖然畢爾斯（Beales）先生以及工人階級的領導者，在此事發生之前已經在保護之下退去，但是接著卻發生一場混戰。在這場混戰中，很多無辜的人受到警察的虐待，工人階級憤怒到極點。他們決定再在海德公園眾會，其中很多人可能會武裝前來。政府進行軍事準備工作，以應付工人階級的企圖，很嚴重的事態似乎即將出現。在這種危機之中，我確實相信自己是防止不幸事件發生的媒介。我在議院中是站在工人階級一邊，強烈地譴責政府的行為。我和其他幾位激進派議員一起被邀請，去與「改革聯盟會議」的領導人物進行磋商。有一個任務主要落在我身上，那就是，說服這些領導人物放棄海德公園計畫，到別的地方眾會。需要說服的並不是畢爾斯先生以及狄克遜（Dickson）上校；相反的，顯然這兩位先生已經在與我同樣的方向中運用了他們的影響力，然而卻沒有成功。原來是工人們很堅持，並且很執著於他們原來的計畫，所以，我不得不訴諸極端的方法。我告訴他們說：如果一種行動一定會與軍事力量發生衝突，那麼這種行動只有在兩種情況下才可能是正當的：其一，如果事情已經演變到適合來一次革命的狀況；其二，如果他們認為自己能夠完成一次革命。在經過相當的考慮後，他們終於屈服於我的這種論辯，我也能夠告訴瓦波爾（Walpole）先生說，工人們已經放棄他們的意圖。我將永遠不會忘記：他聽了之後深深表示舒慰，熱烈地表示感激。在工人這樣大大對我忍讓之後，我覺得應該答應他們的要求：去參加他們在「農業堂」所舉行的會議，並且在會議上發表談話。這是「改革聯盟」所召開的會議中，我唯一參加的一次。我一直拒絕成爲聯盟的一員，是基於我的一個公開宣布的理由，那就是，我不同意他們在成年男子選舉權和祕密投票方面的綱領。我完全不同意祕密投票。我也不能支持成年男子選舉權——縱使我確信他們並沒有排除女性的暗示。如果一個人的眼光不侷限於能夠即刻成功的事情，並宜稱支持一個原則，那麼，他就應該支持到底。我詳細敘述此事，因爲我在此時的行爲，使得「保守派」和「保守—自由派」報界非常不高興，他們從此以後指控我在大眾生活的考驗中表現得無節制且很激情。我不知道他們期望我有什麼表現；但是如果他們知道，我很可能使他們免於受到什麼傷害，他們就應該感謝我。我不認爲，在那個特別的關鍵時刻，別人可能做這件事。我相信，在那個時刻，沒有其他人具有必要的影響力足以阻止工人階級，除了格拉斯頓先生和布萊特先生。但是當時大家都無法找到他們兩人：找不到格拉斯頓先生的理由很明顯，至於布萊特先生，原因是他不在城裡。

過了一段時間後，保守派政府引進一項法案，試圖阻止工人在海德公園聚會，我不僅發言表示強烈的反對，並且也成爲很多前進自由分子中的一員。這些自由分子由於後段會期的助力，以所謂的「無限制地討論，拖到閉會」的方式，阻止了這項法案的通過，並且這項法案從此沒有再被提出來。

關於愛爾蘭的問題，我也覺得必須扮演一個明確的角色。我是議院議員代表團最主要的成員之一，這個代表團曾說服德比（Derby）爵士饒了因反叛而被判死刑的芬尼安主義者伯爾克（Burke）將軍一命。教會問題在一八六八年的會期中，由黨的領導人物表現出強有力的態度處理，所以我只需要表示鄭重的堅持。但是土地問題卻沒有達到這樣前進的地步：對地主作風的迷信到那時爲止並沒有受到什麼質疑，特別是在議會中更是如此。這個問題處在落後狀態之中——就涉及議院議員的心智而言，由一件事情可以得到證明，那就是，羅素爵士的政府於一八六六年引進了極爲溫和的法案，但卻沒有成功。關於這個法案，我發表了最謹慎的演講之一，在演講中試圖擬定這個問題的一些原則，意不在激勵朋友，而在安撫和說服對手。由於「議院改革」這個問題很吸引人，所以這個法案沒有通過，或者另一項由德比爵士的政府提出而性質類似的法案沒有通過。兩項法案都只僅止於二讀而已。同時，愛爾蘭人的不滿徵象變得更加明確；他們提出「兩個國家完全分離」的要求，已經呈現一種威脅性的局面。幾乎每個人都感覺到，如果還有機會使愛爾蘭妥協於英國的政府，那只有在英國的領土和社會關係方面，採行比以前曾經考慮過的更徹底的改革。我認爲，該是說出我內心所有想法的時候了。結果，我的小冊子《英國與愛爾蘭》出現了，是寫於一八六七年，在一八六八年的會期前不久出版。這本小冊子的主要特色是：一方面指出兩個國家分離的不適宜，對英國和愛爾蘭都是如此，另一方面則建議解決土地問題，其方法是：以固定的租金把土地永遠租給現存的佃農保有，而租金則由國家適度地調查之後加以估計。

這本小冊子除了在愛爾蘭之外，並不受到歡迎，這倒出乎我的意料之外。但是，如果一定要有像我所提議的方法，才能公平對待愛爾蘭，才有安撫大群愛爾蘭人的希望，那麼，我就有責任提議這個方法。然而，另一方面來說，如果有人主張嘗試任何中間較溫和的方法，那麼我也很清楚：建議所謂極端的措施，並不會阻礙較溫和的方法，反而會眞正促進較溫和的方法。像格拉斯頓先生的愛爾蘭土地法案，是大大讓步於佃農的法案，非常不可能由一個政府提出來，也非常不可能在議院中通過，除非英國大眾意識到，可能還有人會提出更強烈的法案，並且可能有人會爲了更強烈的法案組成黨派。英國人——或者至少有資格稱爲英國人的較高和中產階級——有一種特性，那就是，爲了促使他們贊同任何的改變，他們必須把改變看成是一種中間的方法。他們認爲每一種建議都是極端又暴烈的，除非他們聽到另外一種建議顯得更加強烈，這樣他們對於極端觀點的惡感就可能消解。現在這個例子就是這樣。我的建議受到譴責，但是只要不是我所建議的愛爾蘭土地改革計畫，卻被認爲比較之下是溫和的。我可以看出來，對我的計畫進行攻擊的人，通常對於我的計畫的性質，都有一個很不正確的觀念。一般人都認爲，我的計畫是建議國家應該儘量收買土地，成爲普遍性的地主，然而事實上，我的計畫只是向個別的地主提議這一點，供他們選擇——如果他們比較喜歡出賣他們的土地，而比較不喜歡在新條件之下保有土地。我充分預期到：大部分地主都會繼續喜歡擁有土地，而不喜歡領政府的年金，並且會保持他們與佃農之間的現存關係——時常基於較優厚的條件，比政府給予他們補償時所根據的全額租金更加優厚。我曾在一次談論愛爾蘭的演講中提出這點說明以及其他說明；這次演講是在一八六八年會期開始時在有關馬古爾（Maguire）先生的決議的辯論中發表的。這次演講經過修正，加上我針對佛特斯鳩（Fortescue）先生的法案所發表的演講，曾經在愛爾蘭出版（不是由我出版，但是獲得我的同意）。

在這幾年之中，我命定要在議院之內以及之外執行另一種非常嚴肅的義務。牙買加發生了一次動亂，最初是因受到不公平的待遇而引起，後來則因爲怒氣和恐慌而擴大爲有預謀的叛變，當局因此有動機和藉口以軍事暴力或所謂軍事審判，殺死了數百無辜的性命。在短暫的動亂敉平後，軍事暴力或所謂軍事審判持續了幾個星期，增添了很多殘暴的行爲，包括破壞財產，笞打男人和女人，以及大大表現出戰禍橫行時常見的殘忍魯莽行爲。做這些壞事的人，卻在英國受到那些長久以來擁護奴隸制度的人所支持與喝采。最初時，情況好像英國人會自找恥辱，也就是說，他們會縱容過度的權威，甚至不表抗議——儘管這種行爲很令人厭惡，如果其他政府表現出同樣令人厭惡的行爲，英國人會幾乎不知如何表達其憎惡之情。然而，過了一段短時間後，英國人卻激起了一種憤怒的情緒。有人組織一個自願性的協會，定名爲「牙買加委員會」，視情況可能進行審議並採取行動，於是全國各地紛紛表示支持。此時，我身在國外，但是我一聽到此事，就申請加入，並且在我回國後就積極參加該會的會議。儘管「公平對待黑人」是一個緊要問題，但是卻還有更多的情況處在危機之中。問題是，英國的屬地——最終而言，可能大英帝國本身——是要接受法律的支配？還是軍事暴力的支配？英國臣民的生命和人格是否要任憑兩、三位官員的擺布（儘管他們生疏而無經驗，或魯莽而殘忍）？因爲一位驚慌的總督或其他官吏很可能賦予他們權利，去組織所謂的軍事法庭。這個問題只能由「訴諸法庭的裁判」來決定；而「牙買加委員會」就決定去做這件事。他們的決定導致了委員會主席職位的改變，因爲主席查爾斯・布克斯頓（Charles Buxton）先生認爲，在刑事法庭中控訴艾爾（Eyre）總督以及他的主要屬下雖非不公，但卻不適宜。然而，大多數參加大會的人卻反對布克斯頓的看法，所以他就退出委員會，不過，他繼續爲大義而努力，而我在十分意外的情況下，被提名並被選舉爲主席。因此，我有責任要在議院中代表這個委員會，有時向政府提出問題，有時接受個別的議員對我提出多多少少挑激性的問題，但是特別是在布克斯頓先生於一八六六年的會期中所引發的重要辯論中發表演講。我可能應該把自己當時所發表的演講，選爲自己在議院中所發表的最佳演講。有兩年多的時間，我們嘗試每一種合法的管道，把戰鬥推向刑事法庭。在英國最保守的郡之一，治安推事拒絕了我們提出的控訴。我們在「弓形街」的法庭比較有成果，因此法院院長亞歷山大・科克本（Alexander Cockburn）爵士有機會發表他那有名的控詞，以有利於「自由權」的方式解決了問題的法律部分——在法官的權限之內儘量去解決。然而，我們的成功卻僅止於這兒，因爲中央刑事法院大陪審團否決我們的訴狀，使得案子無法進入審判階段。顯然，英國中產階級並不贊成把英國官吏告到刑事法庭，控告他們對黑人及混血兒濫用職權。然而，我們已經盡自己的力量挽回了我們的國家的本色，因爲我們讓國人看出：無論如何，有一群人決定使用法律所能提供的一切方法，爲受害者贏得正義。我們促使全國最高的刑事法官發表權威的宣言：法律是我們堅持的法律。並且我們也鄭重地警告那些可能在此後犯同樣罪行的人：雖然他們可能逃過刑事法庭的實際判刑，但是，避免判刑卻無法免於遭受困擾與付出代價。殖民地的總督和其他權威人物，將會愼重地考慮未來不再表現這種偏激的行爲。

出於好奇心，我保存了一些謾罵性的信函。這些信都是匿名的，是我在這些訴訟程序進行時所收到的。這些信件證明了國內殘暴的人民竟然對於英國人在牙買加的暴行表示同情。信的內容從粗俗的笑話——文字上和圖畫上的——到威脅要暗殺我的言詞，一應俱全。

還有一些重要事情，我在其中扮演了積極的角色，但卻沒有引起大眾什麼興趣。其中兩件特別值得一提。我跟其他幾位獨立的自由分子一起阻止一項「引渡法案」的通過。這項法案是在一八六六年的會期提出。法案雖不准許那種顯然涉及政治犯罪的引渡，但是根據法案，政治難民如果被外國政府控以企圖叛亂，也會被引渡回到他所反叛的國家，由該國政府的刑事法庭審理，如此使得英國政府成爲外國暴政施加報復行爲的共犯。這項法案受挫後，當局就指定一個精選委員會（我也是其中一員），調查及報告整個引渡條約的問題。結果是：「引渡條款」在我不再成爲委員之後，獲得議院通過。條款中規定：凡是被要求引渡的人，都有機會在英國法院舉行聽證會，證明他被指控的罪確實是政治方面的。如此，歐洲自由的大義才免於嚴重的災難，我們自己的國家也免於一次很大的惡行。另外一件值得一提的事是：在一八六八年的會期中，一群很前進的自由分子爲了狄斯累利先生的政府的「賄賂法案」進行一場爭論，我在其中扮演了很積極的角色。我曾和幾位最爲謹愼地研究這個問題細節的人商討——包括克利斯提（W. D. Christie）先生、普林（Pulling）軍曹，以及恰維克（Chadwick）先生。我也提出自己的很多想法，目的是在擬定一些修正案和補充條款，使得「賄賂法案」能夠確實有效地防止無數腐化的方式——無論是直接還是間接的腐化。如不然，「改革法案」可能會增加腐化，而不會減少腐化（有相當的理由這樣擔心）。我們也打算在「賄賂法案」上附加一些措施，以減少所謂合法的選舉費用所造成的有害負擔。在我們的很多修正案之中，有一則是佛色特（Fawcett）先生所提的，那就是，將選舉官員的費用算在地方稅上，而不是算在候選人身上。另外一項修正案是：禁止有支薪的拉票員，每一個候選人只限一位支薪的代理人。第三項修正案是：把防止賄選的預防措施和處罰，延伸到市的選舉，因爲市的選舉眾所周知，不僅是議院選舉賄選的準備，並且也是這種準備的一種慣常的掩飾。然而，保守派政府一旦通過了他們的「賄賂法案」主要條款（我投票贊成且加以聲援），也就是把選舉中的司法權從下議院轉移到法官身上，他們就堅決地抗拒所有其他的改革。在我們最重要的提案之一——佛色特先生的提案——確實獲得大多數人的同意之後，他們就結合了他們黨派的力量，在以後的階段中否決了條款。議院中的自由黨，有很多人並沒有提供任何的助力，來保全「誠實地代表人民」的必要條件，這是很大的羞恥。他們在議院中占大多數，本可以通過所有修正案，或者通過較好的修正案——如果他們有較好的修正案提出來。但那時是會期快結束的時候，議員們都急於爲即將來臨的普選做準備。雖然敵對的候選人已經在他們的選區進行拉票的活動，但有些議員仍然光榮地堅守崗位（例如：羅伯・安斯楚色〔Robert Anstruther〕爵士），然而，大部分議員還是把「選舉的利益」放在「爲民服務」之前。很多自由分子也以冷漠的態度看待「立法防止賄賂」一事，認爲此事只會分散大眾對於祕密投票的興趣，而他們認爲祕密投票是充分以及唯一的解決方法（正如同我所預期的）。我們的論戰雖然強有力地持續了幾個夜晚，但卻完全失敗，並且我們所努力要防止的那些事例，卻在根據新選舉法所舉行的第一次普選中，變得比以前更加普遍地盛行著。

在對於狄斯累利先生的「改革法案」的一般性辯論中，我的參與只限於已經提到的那次演講，但是，我卻利用這個機會引進代議政府方面有待正式在議院和國人面前進行的兩項最大改革。其中一項是「個人代表制」，或者還有一種同樣適當的稱呼——「比例代表制」。我提出這一點，要議院加以考慮，並且對於哈爾（Hare）先生的方案發表一次闡釋性和論辯性的演講。此後，我積極地支持另一項替代這項方案的不完美方案，而議院被說服在少數的選區之中採行這項替代方案。這項不高明的權宜措施幾乎沒有什麼可取之處，除了它部分體認到自身所沒有加以補救的那種缺陷。無論如何，它因此具有眞正優秀的措施所具有的同樣錯誤，需要基於眞正優秀的措施的同樣原則去爲它辯護。這項措施曾在少數議院選舉中被加以採行，加上此後又在倫敦校務委員會的選舉中引進所謂的累積投票法，因此有很好的效果出現：把「所有選舉人都可以同樣要求比例代表」一事從只是理論上的討論，改變成實際政治的問題。如果不是上述兩種情況的話，效果就不會這麼快出現。

我對於個人代表制的主張，並沒有產生相當或明顯的實際結果。但是，我對於「改革法案」提出的另一項修正案，情況卻不然。這項修正案是我以議院議員的身分爲民服務的工作中最重要的一項，可能也是唯一眞正重要的一項。我提議刪除「把選舉權限於男性」的文字，讓所有女性都有參政選舉權——只要她們具備男性選民所具有的資格，無論她們是家長或者不是家長。如果女性在選舉權大爲伸張的時代，卻不要求選舉參政權，就等於是完全放棄這種要求。有關這個問題的一次運動，是開始於一八六六年，當時我提出一項女子選舉參政權的陳請，有相當多的傑出女性簽名。但是我還不確定這項提議是否會在議院中獲得不少的游離票。經過一場辯論，反方的演講者顯然占劣勢，贊成的票數達到七十三票——加上棄權議員及監票員，超過八十票——於是大家都感到驚奇，也受到很大的激勵，而更令人感到激勵的是，投票贊成的人之中有布萊特（Bright）先生。這只能歸因於他對辯論留下深刻的印象，因爲在這之前，他曾公開表示不贊同這個提議。我的女兒海倫·泰勒（Helen Taylor）認爲此時應該出來組織一個社團，以伸張女性的選舉參政權。這個社團之所以能夠成立，得歸因於我女兒的創始能力。社團的組成完全由她計畫，並且她是最初幾年的活動的靈魂人物，只不過她因爲身體脆弱，加上工作過分繁忙，所以拒絕成爲「執行委員會」的一員。很多卓越的議院議員、教授以及其他人，還有國人引以爲傲的一些最傑出的女人，都成爲這個社團的會員，大部分是直接或間接透過我的女兒的影響力而成爲會員。我的女兒寫了大部分的信函，以及所有最佳的信函，贏得會員的支持——甚至信函由我署名時，情況也是如此。有兩個不平凡的例子是南丁格爾（Nightingale）小姐和瑪麗·卡本特（Mary Carpenter）小姐。她們最初不想挺身而出，但是我的女兒寫了懇求的信（不過是由我簽名），結果她們被說動了（因爲她們的見解並沒有與社團有相異之處）。還有一些基於同樣目標的團體，在不同的地方中心成立，包括曼徹斯特、愛丁堡、格拉斯科，以及其他地方，都爲這個偉大的目標做了很多有價值的工作。所有的社團都採用「全國女性選舉參政權協會」分會的名稱，但是每個分會都有它自身的管理團體，完全獨立於其他分會。

我想，我已經提到自己在議院中所有值得記憶的作爲。但是，縱使我很完整地舉出了自己的作爲，也無法充分說明我在那段時間的行事，尤其是我花在通信上的時間。在被選爲議院議員之前，有很多年的時間，我一直不斷收到陌生人的來信，大部分都把我當做哲學作家，在信中提出有關邏輯或政治經濟學方面的困難，或者傳達有關這方面的想法。我想，我和所有政治經濟學家一樣，接受了所有膚淺的理論和荒謬的建議。藉著這些理論和建議，人們巧妙地重整通貨，不斷努力要指出人人富有又幸福的途徑。如果寫信的人表現出足夠的智力，讓我認爲值得指正他們，我就費心指出他們的錯誤。後來我通信的次數增加，所以需要以很簡短的回信打發這樣的人。然而，我所收到的信件中，有很多更值得我加以注意，有的則詳細指出我的作品中的疏忽，使我能夠加以改正。這種通信自然隨著我所寫及的問題——尤其是那些具有形上學性質的問題——的增加而增加。但是，一旦我成爲議院的一員，我就開始收到不同的信，內容是抱怨私事，或者是涉及任何種類的公務的每一種可以想像到的問題——無論與我所了解或從事的事情相差多遠。在我身上施加這種負擔的，並不是我在西敏寺的選民：我曾同意在某種協定下爲他們服務，而他們也相當忠實地遵守這種協定。我確實時而收到率直的年輕人寫來的申請書，要我爲他謀得政府的一個小職位。但是這種情況很少，而寫信的人單純又無知，可以由一個事實看出來：無論哪一個黨執政，申請書都差不多同樣寄來。我總是回信說：向任何政府要求施惠，都有違我被選爲議員的原則。但是，整體而言，我自己的選區比起全國任何地方，幾乎是帶給我最少的困惱。然而，通信的總量卻累積而成讓人無法忍受的負擔。此時以及從此以後，我大部分的信（包括見諸於報端的很多信），都不是由我所寫，而是由我的女兒所寫。最初只是因爲信太多，如果沒有人幫助我就忙不過來，所以她自願幫忙處理；但是，以後則是因爲我認爲她所寫的信比我自己所寫的信還優越，並且情況越困難，越重要，她寫的信也越比我所寫的信優越。甚至我自己所寫的那些信，一般而言也經過她相當的潤色，就像我比較近期所準備的演講一樣。就這些演講以及我發表的一些作品而言，有不少段落（並且是最成功的段落）都是她所寫的。

在議員任期中，我身爲作家的作品，不可避免地只限於在休會期間進行。在那段時間，除了寫出已經提到的論愛爾蘭的小冊子之外，我也寫了論柏拉圖的論文，發表於《愛丁堡評論》，重印於《論文與討論》第三冊。另外，我也寫了一篇演講詞。我是順應習俗，在聖安德魯斯大學發表這篇演講，因爲該校學生選我爲校長，給我很大的榮譽。在這篇演講中，我表達了一生中一直在我心中累積的很多思想和見解，所涉及的是：屬於通才教育的各種學科、這些學科的用途及影響力，以及爲了產生最有益的影響力，應該以什麼方式研究這些學科。我採取的立場是：辯護古典學科和新科學學科所具有的高教育價值，所根據的理由甚至比大部分倡導這兩種學科的人所力言的理由更強有力，並且我堅認：只因爲平常教學的嚴重不當，才使得人們認爲這兩種學科是敵手而不是聯盟。我想，我採取這種立場，不僅意在刺激那種已經可喜地在國家較高等教育機構中開始出現的改進，並且也意在傳播一些觀念，是有關「最高尚心智教養的條件」的觀念，且這些觀念比我們時常在受過高等教育的人身上所發現的觀念還允當。

在這段期間，我也開始（並且在離開議院後不久完成）一件本分的工作，那是一份哲學的工作，也是爲了紀念先父而做的工作：我準備且出版了《人心現象的分析》（Analysis of the Phenomena of the Human Mind）的一個版本，加上註解，使這本優秀作品的學說符合科學和理論上最新的改進情況。這是幾個人一起完成的工作：心理學方面的註解由貝恩（Bain）先生和我大約各完成一半，格羅特（Grote）先生對於哲學史方面所偶然發現的問題，提供了一些很有價值的助力，而安德魯・馮雷特（Andrew Findlater）博士則對於本書當初寫成時因語言學知識的不完全而產生的缺陷，加以彌補。本書最初出版時，形上學理論的潮流定向與「經驗及觀念聯想」的心理學是十分相反的，所以《人心現象的分析》並沒有獲得它應該獲得的即刻成功。不過，此書卻曾使很多人留下深刻的印象，並且透過這些人，很有助於創造「觀念聯想心理學」的較有利氣氛，而我們現在也享有了這種較有利的氣氛。本書是爲了適合成爲一本「經驗形上學」的教科書，而以巧妙的手法寫成，只要加上同樣學派思想中比較近期的成果，使它內容更豐富，並且在某些方面加以修正，就可以和貝恩先生的論著一樣，成爲有關分析心理學方面的有系統作品的先鋒，而現在的情況就是如此。

一八六八年秋天，通過「改革法案」的議院解散了，而在西敏寺區的新選舉中，我落選了。我對於此事並不感到驚奇，我想，我的主要支持者也不感到驚奇——雖然在選舉前的幾天，他們顯得比以前更樂觀。我並不需要說明自己沒有選上的原因；令人好奇的是，我第一次竟然會選上，或者說，在選上後，竟然會在以後被擊敗。但是，第二次阻止我選上的力量是遠遠超過第一次的。首先，保守派政府當時正努力求生存；在任何競爭中獲得成功，對他們而言是更加重要的。其次，所有具有保守派心緒的人，也都比以前更怨恨我；很多最初支持我或者表示中立的人，都強烈地反對我再被選上。由於我已經在自己的政治性作品中顯示出，我意識到民主政治的見解有其弱點，所以，一些保守分子似乎認爲我會成爲反對民主政治的人。由於我能夠看清這個問題的保守派的一面，所以保守派就認爲，我像他們一樣無法看清任何其他的層面。然而，如果他們眞正讀過我的作品，他們就會發現：我在充分考慮自認爲是以「反民主的論辯」爲基礎的所有見解之後，就毫不猶疑地決定支持民主，同時又建議，民主應該伴隨以一些制度，這些制度符合民主的原則，且意在去除民主的不便：這些補救方法中主要的方法之一是「比例代表制」，而保守分子之中，幾乎沒有一個人支持我這項提議。一些保守派的預期似乎是基於一個事實，那就是，我曾表示：我在某些條件下贊成複投票（Plural voting）⑦。他們猜測：我在狄斯累利先生爲自己的「改革法案」做準備而引進的一項決議之中，提出這種建議（狄斯累利先生並不強調這種建議，因爲沒有人支持），可能是起因於我在這一個問題上所寫及的論點。但是如果是這樣，他們就忘記了一點：我曾提出一個明確的條件，那就是，複投票的特權應該附屬於教育，而不是附屬於財產，並且縱使如此，我贊成複投票，其實是以全民選舉參政權爲前提。現今的「改革法案」所提供的選舉參政權，是完全不可能有這種複投票的。如果有人懷疑，那麼有一個事實可以證明這一點：在選舉中，工人階級所具有的影響力是很小的——縱使在現在的法律下，並沒有任何選民比其他選民擁有更多的投票權。

雖然我比以前更爲保守派的利益團體所厭惡，也更爲很多保守的自由分子所厭惡，但是我在議院中的行動方針，一般而言，並沒有使自由分子都熱心支持我。我已經提到：我在議院的傑出表現，大部分都是針對某些問題，在這些問題上，我的見解跟大部分的自由派分子不同，或者，大部分的自由派分子對於這些問題並不怎麼關心。我也已經提到：我的行動方向，很少能夠使大部分的自由派分子看重我爲他們的意見發言的身分。尤有進者，我曾經

⑦可在一個以上的選舉區投票。——譯註

做了一些事情，在很多人的心中激起了對我的個人偏見。所謂的「艾爾先生⑧受到迫害」，觸怒了很多人；我捐助了布雷拉夫（Bradlaugh）先生的選舉費用，更是引起人們的憤怒。我當初拒絕在自己選舉時花費任何的金錢，並且所有的選舉費用都由別人支付，所以我感到特別應該由我去捐助那些值得出來競選但卻缺少經費的候選人。因此，我捐助了幾乎所有的工人階級候選人，其中就有布雷拉夫先生。他獲得工人階級的支持。我聽過他演講，知道他是一個有能力的人，並且他也證明自己是跟煽動型政治家相反的人，因爲他在兩個很重要的問題上，強烈地反對民主分子的流行見解，那就是：「馬爾薩斯的人口論」，以及「個人代表制」。他這個人，具有工人階級的民主情操，卻是爲自己而判斷政治問題，有勇氣主張自己個人的信念，抗拒大眾的敵對力量。我認爲，像他這樣的人是議院所需要的。我不認爲布雷拉夫先生應該因爲他的反宗教見解而被排除在議院之外（縱使他無節制地表達自己的反宗教見解）。無論如何，我捐助了他的選舉經費。如果我當時可隨意地只考慮自己再當選的利益，那麼這件事是相當輕率的。在可以預期的情況下，反對分子針對我的行爲，儘量使用各種可能的方法——無論是公正或不公正的方法，激起西敏寺選民對我的反感。這些不同的因素，再加上我的保守派對手無恥地使用平常的金錢影響力，和其他影響力，而我卻沒有去

⑧ 即牙買加總督。——譯註

使用這些影響力，所以我在第一次競選成功後卻在第二次競選時失敗。選舉的結果一旦揭曉，我就接到三、四封邀請函，要我成為其他選舉區——主要是郡——的候選人。但是，縱使成功可以預期，並且不用花費金錢，我還是很想享受回歸私生活的舒慰。我雖然為選民所拒斥，但是我並沒有理由感到屈辱。縱使我有理由感到屈辱，那種感覺也會被無數表示遺憾的言語所淹沒。我在各種地方聽到了各種人對我表示遺憾，最明顯的是議院中那些自由分子，畢竟我習慣與他們一起採取行動。

自從那段時間以後，就很少有值得在這兒記述的事情發生了。我回歸於往昔的工作，重新享受在歐洲南部的鄉村生活，一年有兩次在倫敦地區居住幾個星期或幾個月。我已經在期刊上寫了各種文章（主要是發表於我的朋友莫雷〔Morley〕先生的《雙週評論》）。我在公共場合發表了少數的演講——特別是在「女性選舉參政協會」的聚會中。我出版了《女性的屈從》一書；此書寫於幾年前，由我的女兒和我自己補充了一點資料。我也開始為未來的作品準備材料；如果我有幸在未來完成這些作品，我將會更仔細地談論它們。因此，這本回憶錄暫且可以在這兒結束了。

國家圖書館出版品預行編目資料

約翰．彌爾自傳 / 約翰．彌爾（John Stuart Mill）著；陳蒼多譯.
-- 初版 -- 臺北市：五南，2020.03
面；公分 .--（大家身影系列；6）
譯自：John Stuart Mill: Autobiography
ISBN 978-957-763-814-4(平裝)

1. 彌爾（Mill, John Stuart, 1806-1873） 2. 哲學 3. 傳記
4. 英國

144.53 108021657

大家身影006

約翰．彌爾自傳

作　　者 —— 約翰．彌爾
譯　　者 —— 陳蒼多
發 行 人 —— 楊榮川
總 經 理 —— 楊士清
副總編輯 —— 陳念祖
責任編輯 —— 李敏華
封面設計 —— 王麗娟
出 版 者 —— 五南圖書出版股份有限公司
地　　址：台北市大安區106和平東路二段339號4樓
電　　話：02-27055066（代表號）
傳　　真：02-27066100
劃撥帳號：01068953
戶　　名：五南圖書出版股份有限公司
網　　址：http://www.wunan.com.tw
電子郵件：wunan@wunan.com.tw
法律顧問 —— 林勝安律師事務所　林勝安律師
出版日期 —— 2020年3月初版一刷
定　　價 —— 300元